Die Kirchen der Stadt Halle

Abbildungen

Matthias Behne, behnelux gestaltung, Halle (Saale): alle Fotografien außer Abb. S. 80

Thomas Dietzsch, Grundrisse: S. 13, 27, 39, 51, 55, 63, 69, 73, 75, 79, 87, 89, 97, 99, 111, 124, 131

Alle weiteren Grundrisse wurden mit freundlicher Genehmigung der jeweiligen Gemeinden für den Druck des Buches zur Verfügung gestellt.

Reinhard Hentze: Abb. S. 80

Matthäus Merian, Topographia Germaniae. Niedersachsen 1653, Neue Ausgabe 1962, Mit einem Nachwort, hg. V. Lucas Heinrich Wüttrich, Kassel, Basel 1962, S. 110: Abb. S. 7

Bibliographische Information

Die Deutsche Bibliothek registriert diese Publikation in der Deutschen Nationalbibliographie; detaillierte bibliographische Daten im Internet unter:
http://dnb.ddb.de

Impressum

Gesamtgestaltung: behnelux gestaltung, Halle (Saale)
Coverbild: Dom zu Halle
Printed in Germany

ISBN 3-89812-352-9

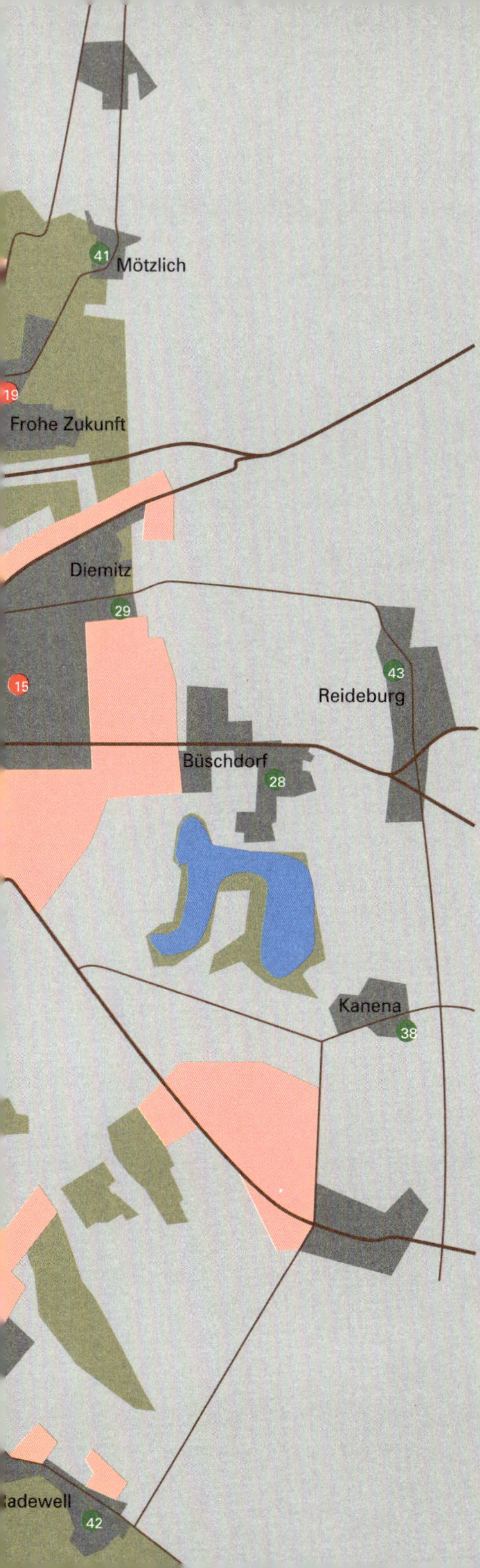

Kirchen der Altstadt

1 Marktkirche Unser lieben Frauen
2 St. Moritz
3 Dom zu Halle
4 St. Ulrich

Kirchen der Innenstadt

5 St. Laurentius
6 Kapelle St. Maria Magdalena der Moritzburg
7 St. Georgen
8 Krankenhauskirche der Universitätskliniken
9 St. Stephanus
10 St. Johannes
11 Kirche im Diakoniewerk Halle
12 Propsteikirche St. Franziskus und St. Elisabeth
13 Pauluskirche
14 Kapelle des Provizialhauses der Grauen Schwestern von der Hl. Elisabeth
15 Christuskirche
16 Lutherkirche
17 Franziskanerkirche zur Heiligsten Dreieinigkeit
18 Kirche »Am Gesundbrunnen«
19 Heilandskirche
20 Heilig Kreuz
21 St. Georgs Kapelle
22 Hauskirche zum Heiligen Kreuz
23 Kapelle St. Elisabeth und St. Barbara

Kirchen der eingemeindeten Dörfer

24 Ammendorf – St. Katharienen
25 Ammendorf – St. Marien
26 Beesen – St. Elisabeth
27 Böllberg – St. Nikolaus
28 Büschdorf – St. Nikolaus
29 Diemitz – Johannes der Täufer
30 Döllau – St. Nikolai et Antonii
31 Döllau – Dorfkirche Lieskau
32 Döllau – St. Maria Königin des Himmels
33 Döllau – Dietrich-Bonhoefer-Kapelle
34 Giebichenstein – Bartholomäuskirche
35 Giebichenstein – St. Norbert
36 Halle-Neustadt – Kirche Passendorf
37 Halle-Neustadt – Kirche Nietleben
38 Kanena – St. Stephanus
39 Kröllwitz – Petruskirche
40 Lettin – St. Wenzel
41 Mötzlich – St. Pankratius
42 Radewell – St. Wenzel
43 Reideburg – St. Gertraud
44 Seeben – St. Laurentius
45 Trotha – St. Briccius
46 Wörmlitz – St. Petrus

Die Kirchen der Stadt Halle

Peggy Grötschel | Text
unter Mitarbeit von Christiana Schulz

Matthias Behne | Fotografie

mdv

Danksagung

Wir bedanken uns für die uns entgegengebrachte Hilfe und Unterstützung bei den Pfarrerinnen und Pfarrern, den Gemeindegliedern, die uns behilflich waren, den Mitarbeiterinnen und Mitarbeitern des Landesdenkmalamtes Halle, bei Herrn Thomas Dietzsch sowie bei allen anderen freundlichen Helfern.

Peggy Grötschel, Matthias Behne
Halle, im März 2006

Unterstützt wurde das Projekt »Halle und seine Kirchen« von:

behnelux gestaltung, Halle
Canstein Bibelzentrum
Diakoniewerk
Katholische Akademie des Bistums Magdeburg
Katholische Studentengemeinde »Thomas Morus« Halle
Katholische Pfarrei zur Heiligsten Dreieinigkeit
und dem Franziskanerkloster
Kirchgemeinde der Bartholomäuskirche
Kirchgemeinde von Böllberg/Wörmlitz
Kirchgemeinde von Halle Neustadt/Nietleben
Kirchgemeinde der Heilandskirche
Kirchgemeinde von St. Laurentius
Kirchgemeinde von Lieskau
Kirchgemeinde von Lettin
Kirchgemeinde der Marktkirche
Kirchgemeinde der Pauluskirche
Kirchliches Verwaltungsamt Halle
Mitteldeutscher Verlag GmbH, Halle (Saale)
Ökomenischer Leitungskreis Halle
Orthodoxe Gemeinde der Russisch Orthodoxen Kirche
des Moskauer Patriarchats
Stadtmarketing Halle (Saale) GmbH

Inhalt

Kirchen eingemeindeter Dörfer

Anhang

»Halle in Sachsen gegen Mittag«
Dargestellt von Matthäus Merian in seiner Topographia Germaniae, die im Jahr 1653 erschien.

1200 Jahre Christentum und Kirchenbau in Halle

Halle besitzt eine bemerkenswerte Vielfalt an Kirchen, anhand derer die Entwicklungslinien und Brüche der Stadtgeschichte sehr gut nachvollzogen werden können. Die christlichen Wurzeln der Stadt reichen über 1200 Jahre zurück. Zu dieser Zeit begann die Christianisierung mit der Errichtung eines Frankenkastells »am östlichen Ufer der Saale bei einem Ort, der Halle genannt wird«. Ob man mit der fränkischen Burg sogleich eine Kirche errichtete, ist nicht überliefert; das Patrozinium der ehemaligen St. Gertrudenkirche am Hallmarkt lässt dies aber vermuten, da die Hl. Gertrud eine beliebte fränkische Kirchenpatronin war. Im heutigen Stadtgebiet von Halle errichteten die Franken weiterhin Burgen in Lettin und Reideburg, wo es noch heute eine der Hl. Gertrud geweihte Kirche gibt.

Neben Halle entwickelte sich rund um die Burg Giebichenstein eine zweite Siedlung, erstmalig 961 erwähnt, als Otto I. (912–973) den Ort und den gesamten Gau Neletice, das Gebiet östlich der Saale, dem Moritzkloster zu Magdeburg schenkte. Aus dem Moritzkloster ging 968 das Erzbistum Magdeburg hervor, mit dessen Geschick Halle und sein Umland bis 1680 aufs Engste verbunden blieb. Seit Ende des 10. Jahrhunderts war die Burg Giebichenstein Sitz der Erzbischöfe von Magdeburg, die zugleich Stadtherren in Halle waren. Mit der Gründung des Augustinerchorherrenstifts Neuwerk vor den Toren Halles im Jahr 1116 durch Erzbischof Adalgot von Magdeburg (Amtszeit 1107–1119) wurde die Christianisierung der Region vollendet. Ebenso wichtig war die Gründung des Stiftes auf dem Petersberg durch den Wettiner Burggrafen und Markgrafen von Meißen Konrad den Großen, das auch mit regulierten Chorherren besetzt war.

Die Gründung Neuwerks löste zwei kirchen- und missionspolitisch wichtige Ereignisse aus: die Inkorporierung vieler offenbar schon länger bestehender hallescher Kirchen inner- und außerhalb der Mauern der Stadt, sowie die Verleihung der geistigen Gewalt über den halleschen Archidiakonat an Neuwerk. Im Jahr 1184 gründete Erzbischof Wichmann von Magdeburg (vor 1116–1192) ein zweites Augustinerchorherrenstift in Halle und verband es mit der bestehenden Pfarrei St. Moritz. In der Zeit Erzbischof Wichmanns trugen auch eingewanderte Flamen zur Missionierung des Saalkreises bei. Ihr Wirken ist noch heute am Nikolauspatrozinium der Kirchen in Böllberg, Büschdorf und Dölau zu erkennen.

Das sichtbare Zeichen der erfolgreichen Missionierung vom 10. bis zum 12. Jahrhundert sind die in dieser Zeit erbauten Kirchen. In der Altstadt von Halle wurden im 12. Jahrhundert die St. Gertrudenkirche am Hallmarkt, die St. Moritzkirche am Alten Markt und die St. Marienkirche am Zentralmarkt, der zu Beginn des gleichen Jahrhunderts angelegt worden war, gebaut. Die St. Ulrichskirche an der nördlichen Stadtmauer entstand Anfang des 13. Jahrhunderts. Von diesen vier romanischen Pfarrkirchen und den Kapellen der Altstadt hat keine einzige die Jahrhunderte überdauert, lediglich die Moritzkirche ist noch heute an ihrem ursprünglichen Platz zu finden. Kirchen romanischen Ursprungs haben sich im Stadtteil Neumarkt, in Giebichenstein und in den eingemeindeten Dörfern Böllberg, Büschdorf, Dölau, Lettin, Mötzlich, Radewell, Reideburg, Seeben, Trotha und Wörmlitz erhalten, wovon vor allem die Kirchtürme zeugen. Von der einstigen Vielzahl der Klöster aus dem Mittelalter existieren nur noch die Kirche des Dominikanerklosters, der so genannte Dom, und die heutige Ulrichskirche, das Gotteshaus des ehemaligen Servitenklosters.

Eine tief greifende Veränderung der Macht- und Stadtstruktur vollzog sich an der Wende vom 15. zum 16. Jahrhundert. Zwistigkeiten innerhalb der Stadt ermöglichten es Ernst von Sachsen, Erzbischof von Magdeburg (1464–1513), die weitgehend autonome Stadt 1478 zu unterwerfen und seine Stellung als Stadtherr nachdrücklich zu festigen. 1484 begann er innerhalb der Mauern der Stadt mit dem Bau der Moritzburg, in die er 1503 feierlich einziehen konnte. Sein Nachfolger Kardinal Albrecht von Brandenburg, Erzbischof von Magdeburg und Mainz (1490–1545), führte seine Pläne weiter und baute Halle zur erzbischöflichen Residenz aus. Zunächst errichtete er das Residenzstift, das »Neue Stift«, als neues geistiges Zentrum und wählte als Stiftskirche die benachbarte Kirche des Dominikanerklosters. Das Neuwerkstift, dessen Gebäude 1532/33 abgebrochen wurden, und das Augustinerchorherrenstift St. Moritz, in das die Dominikaner einzogen, wurden aufgelöst und die Besitzungen und Rechte dem Neuen Stift übertragen. Die Pfarrkirche St. Ulrich wurde 1531 abgebrochen, und die Gemeinde erhielt die Kirche des 1527 aufgelösten Servitenklosters. Ebenfalls wurden die Kirchen St. Gertrud und St. Marien abgebrochen und an ihrer Stelle die neue Marktkirche Unser Lieben Frauen errichtet. Mit diesen baulichen Veränderungen ging eine Neuaufteilung der kirchlichen Sprengel einher. Obwohl man zu Beginn des 16. Jahrhunderts die beeindruckenden spätgotischen Hallenkirchen der Stadt fertig stellte, wurde Halle an der Saale unter Kardinal Albrecht gleichzeitig zu einem bedeutenden Zentrum der Renaissance in Deutschland.

Trotz der Gegenwehr Albrechts von Brandenburg und der katholisch Gläubigen im Rat der Stadt wurde in Halle die Reformation 1541 durch Justus Jonas (1493–1555) eingeführt. Die erste nach der Reformation fertig gestellte Kirche war die Marktkirche, die wegen des fehlenden Chores und der das Raumbild stark prägenden, bildlosen Empore ein bedeutendes Zeugnis des frühen protestantischen Kirchenbaus ist. Neue Kirchen wurden danach längere Zeit nicht gebaut, stattdessen stattete man die aus dem Mittelalter überkommenen Gebäude als Predigtkirchen neu aus. Umfassende Veränderungen vor allem der Dorfkirchen erfolgten aber erst mit Beginn des 18. Jahrhunderts. Die Kirchengebäude wurden durch Vergrößerung des Raumes und der Fenster, das Aufsetzen neuer Turmhelme und das Verputzen der Außenwände barockisiert. Im Inneren wurden Kanzeln und Kanzelaltäre sowie Gestühl aufgestellt und Emporen und Patronatslogen errichtet. Neubauten aus dem Barock sind die kreuzförmigen Zentralbauten von St. Georgen in Glaucha und St. Bartholomäus in Giebichenstein sowie die Kirchen in Passendorf, Diemitz und Kanena. Diese Kirchen sind aber im Äußeren durch Strenge und Klarheit gekennzeichnet, was der in der Stadt tonangebenden pietistischen Richtung des Protestantismus geschuldet ist. Die 1694 neu gegründete brandenburgische Universität Halle war durch das Wirken August Hermann Franckes (1663–1727) das Zentrum des Pietismus in Deutschland. Nach Auflösung des Erzbistums Magdeburg gehörte Halle ab 1680 zum Kurfürstentum Brandenburg und ab 1701 zum gegründeten Königreich Preußen. Die evangelische Landeskirche war damit Staatskirche.

Marktkirche Unser Lieben Frauen vom Hallmarkt aus gesehen, im Hintergrund der Rote Turm

Am Ende des 17. Jahrhunderts entstanden in Halle auch reformierte Gemeinden, die sich 1809 zu einer evangelisch-reformierten Schloss- und Domgemeinde zusammenschlossen. Nach den Befreiungskriegen 1813–1815 erfolgte eine Neuordnung der preußischen Territorialverwaltung. Im Zuge dessen wurde für die kirchliche Verwaltung in Magdeburg ein Konsistorium eingerichtet und 1817 unter König Friedrich Wilhelm III. die Union zwischen Lutheranern und Reformierten durchgeführt. Die Kirchenprovinz Sachsen gehörte damit zur Evangelischen Kirche der altpreußischen Union und bildete ab 1873 eine eigene Provinzialsynode, ab 1946 eine selbständige Landeskirche, die sich 2005 mit der Landeskirche Thüringen verband.

Im Laufe des 18. Jahrhunderts kamen verstärkt auch Katholiken in die Stadt: Studenten der 1694 gegründeten Universität sowie Soldaten. Ab 1723 durften katholische Gottesdienste wieder öffentlich abgehalten werden, und 1808 wurde die katholische Gemeinde zur Pfarrei erhoben, die seit 1821 zum preußischen Bistum Paderborn gehörte. Seit 1994 gehören die katholischen Pfarreien Halles zum neu gegründeten Bistum Magdeburg.

Seit den 1830er und 1840er Jahren begann mit der Industrialisierung ein starker wirtschaftlicher Aufschwung Halles, der durch die Braunkohlevorkommen und die intensive Landwirtschaft in der näheren Umgebung begünstigt wurde. Halle entwickelte sich zur gründerzeitlichen Großstadt mit rasch steigender Einwohnerzahl. In den neuen Wohngebieten entstanden neue evangelische und katholische Gemeinden. Zur Bewältigung der damit einhergehenden Bauaufgaben wurde vom Superintendenten Förster 1883 ein Kirchenbauverein gegründet, der zwischen 1891 und 1938 den Bau von zehn evangelischen Kirchen begleitete. Ausdruck der in dieser Zeit geführten Diskussion um den evangelischen Kirchenbau sind die Kirchen des Diakoniewerks, die Kirche in Nietleben und die Pauluskirche. Die Katholische Kirche baute St. Norbert in Giebichenstein, St. Franziskus und St. Elisabeth, die später zur Propstei erhoben wurde, und die Franziskanerkirche Zur Heiligsten Dreieinigkeit. In den 80er und 90er Jahren des 20. Jahrhunderts wurden weiterhin die katholischen Kirchen St. Marien in Ammendorf, die Heilig Kreuz Kirche und St. Maria Königin des Himmels in Dölau errichtet, welche die jüngsten Kirchenbauten der Stadt sind.

Bauzeit: 1530–39,1542–54

Standort: Markt 1–2

Konfession: evangelisch

Marktkirche Unser Lieben Frauen

Am Pfingstmontag, dem 17. Mai 1529 kamen die erzbischöflichen Räte, der Rat der Stadt und die Kirchenväter und Achtermannen der Pfarren St. Gertruden und St. Marien auf dem Kirchhof am Markt zusammen und beschlossen nach ausgiebiger Beratung, diese beiden Pfarrkirchen abzureißen. Dafür sollte an gleicher Stelle, dem höchstgelegenen Ort der Stadt, zu ihrer »Zierde« eine »schöne ansehnliche Kirche« neu errichtet werden. In den folgenden Jahren entstand zwischen 1530 und 1554 eine der beeindruckendsten Hallenkirchen der Spätgotik in Mitteldeutschland. Die Marktkirche Unser Lieben Frauen ist noch heute mit dem Roten Turm das Wahrzeichen der Stadt Halle.

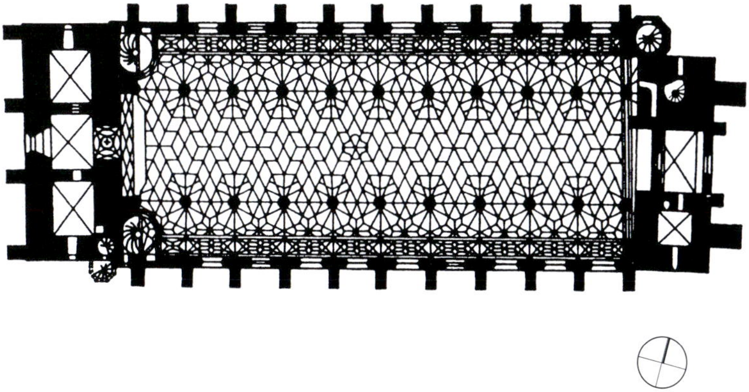

Die Vorgängerbauten St. Gertruden und St. Marien

Im Mittelalter standen auf der Westseite des heutigen Marktplatzes in West-Ost-Ausrichtung zwei unmittelbar hintereinander gelegene Pfarrkirchen: St. Gertrud mit den blauen Türmen und St. Marien mit den Hausmannstürmen. Die Gertrudenkirche war die ältere, womöglich die älteste Pfarrkirche der Stadt. Die erste Erwähnung findet sich für das Jahr 1121, als die Kirche durch Erzbischof Rüdiger von Magdeburg (Amtszeit 1119–1124) dem 1116 gegründeten Augustinerchorherrenstift – Kloster Neuwerk – unterstellt wurde. Ihr Patrozinium verweist jedoch darauf, dass sie womöglich schon zur Zeit des karolingischen Grenzkastells errichtet wurde, war doch die Hl. Gertrud eine beliebte fränkische Kirchenpatronin. Die Kirche erhob sich mit ihren beiden später hinzugefügten, noch heute erhaltenen Westtürmen unmittelbar über dem westlichen Geländeabbruch zum »Tal«, dem heutigen Hallmarkt. Die durchaus in vorromanischer Zeit errichtete erste kleine Kirche wurde im 12. Jahrhundert zu einem lang gestreckten Saalbau erweitert und wohl um 1300 zu einer dreischiffigen Basilika mit einem dreiseitigen Chorschluss und Westtürmen umgebaut. Circa einhundert Jahre später wurde ein weiterer Neubau unter Beibehaltung des alten Grundrisses als dreischiffige Hallenkirche errichtet. Diese wurde dann im Laufe des 15. Jahrhunderts eingewölbt und erhielt in mehreren Bauabschnitten die Turmobergeschosse (Spitzhelme von 1507–1513).

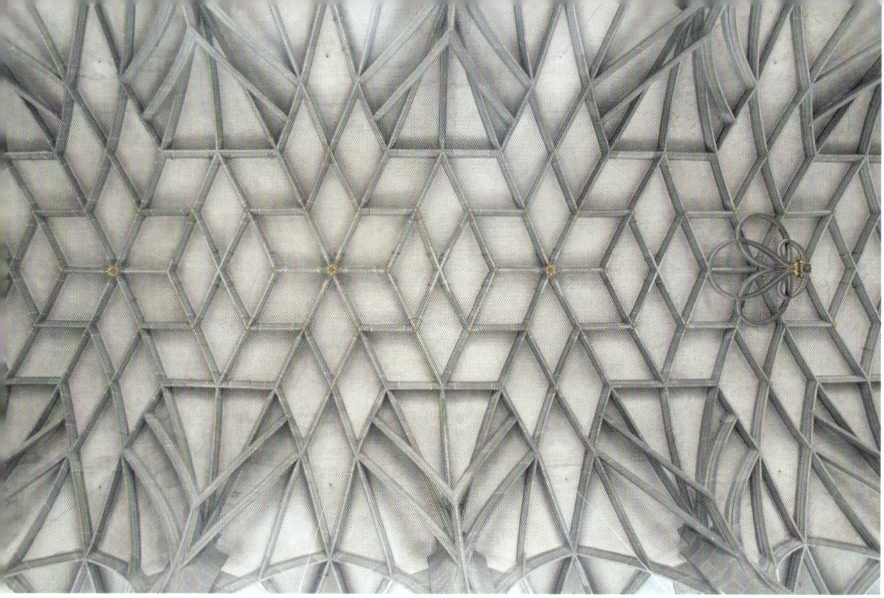

Blick in das vom Ratswerkmeister Nickel Hoffmann geschaffene, beeindruckende Netz- und Sterngewölbe

Das Gotteshaus war die Pfarrkirche der Salzsiedlung im »Tal«. Im Osten trennte sie lediglich ein schmaler Prozessionsweg vom Westbau der um 1130 errichteten Marienkirche. Im frühen 12. Jahrhundert erfuhr nämlich der Stadtraum durch Burggraf Wiprecht von Groitsch (Amtszeit 1118–1124) eine beträchtliche Erweiterung, so dass für die geistliche Versorgung der neuen Viertel eine eigene Pfarrkirche gebraucht wurde, die sich als Gotteshaus der Bergstadt am neu angelegten zentralen Marktplatz befand. Die erste Kirche war eine dreischiffige romanische Pfeilerbasilika mit einer halbrunden Apsis im Osten, einer Krypta im Hauptchor und einer Doppelturmfassade im Westen. Noch im 14. Jahrhundert wurde sie durch eine gotische Hallenkirche mit drei Schiffen, einem polygonalen Hauptchor und zwei Seitenkapellen ersetzt. Sie erstreckte sich bis zum Roten Turm, ihrem freistehenden Glockenturm, der von 1418 bis 1474 erbaut wurde (1506 Aufbringung des Helmes).

Der Neubau der Marktkirche

Die Vereinigung der beiden Kirchen – unter alleinigem Fortbestand des Marienpatroziniums – war Teil einer weit greifenden Neuordnung der kirchlichen Hierarchie und Sakraltopographie Halles unter Kardinal Albrecht von Brandenburg, Erzbischof von Magdeburg und Mainz (1490–1545). Kardinal Albrecht und die katholisch Gläubigen

Südempore

des Rates wollten, um die zunehmenden lutherischen Einflüsse zurückzudrängen, eine repräsentative Kirche an zentraler Stelle errichten, in der weitaus prächtigere Mess- und Pfarrgottesdienste gefeiert werden konnten. Die neue Marienkirche wurde, wie auch die neue Ulrichskirche, dem von Kardinal Albrecht gegründeten Neuen Stift inkorporiert. Mit der Zusammenlegung der beiden Marktpfarrkirchen wurde gleichzeitig beschlossen, die beiden die Kirchen umgebenden Friedhöfe zu schließen und die Bestattungsstätten an einen Ort außerhalb der Stadtmauern zu verlegen. Gewählt wurde der Martinsberg als Stadtgottesacker, den der Ratswerkmeister Nickel Hoffmann (um 1510 bis um 1592) nach dem Vorbild italienischer Camposanti anlegte. Er ist noch heute zu besichtigen und ein Meisterwerk der Renaissance in Halle.

Den Entwurf der neuen Marktkirche lieferte wahrscheinlich Caspar Kraft aus Rochsburg, der 1522 das Bürgerrecht der Stadt erworben hatte und seit 1528 als Ratswerkmeister tätig war sowie die Bauleitung des Kirchenneubaus übernommen hatte. Der Neubau der Marktkirche begann damit, dass im Mai 1529 Gestühl, Emporen und Orgel aus St. Marien in die Gertrudenkirche gebracht wurden und danach der Abbruch von St. Marien begann. Erhalten blieben nur die Hausmannstürme mit spätromanischem Untergeschoss, die den Ostabschluss der heutigen Kirche bilden. Während die Gemeinde

Innenraum, Blick nach Osten

Das im Jahr 1430 von Ludolf und Heinrich von Braunschweig gegossene bronzene Taufbecken

in St. Gertrud die Heilige Messe feierte, wurden parallel zu ihren Außenmauern im Osten beginnend die Mauern der neuen Kirche aufgerichtet. Zwischen 1530 und 1539 entstanden die vier östlichen Joche einschließlich der Einwölbung, Ausmalung und Einrichtung. Ob nach der Fertigstellung des Ostabschnittes der neuen Kirche sofort mit dem Abriss der Gertrudenkirche, deren Blaue Türme ebenfalls stehen blieben, begonnen wurde, ist nicht geklärt, da der Baubetrieb ins Stocken geriet. Dies mag zum einen durch den Tod des Baumeisters Caspar Kraft 1540 verursacht gewesen sein, zum anderen hat wohl auch der Rückzug Kardinal Albrechts von Brandenburg aus Halle und die offizielle Einführung der Reformation in Halle im Jahr 1541 eine Rolle gespielt.

Die Marktkirche Unser Lieben Frauen, die zur Abwehr gegen die Gefahr der sich ausbreitenden reformatorischen Gesinnung begonnen wurde, war der Ort, von deren Kanzel Justus Jonas (1493–1555) mit seiner Karfreitagspredigt 1541 die Reformation offiziell in Halle einführte und Luther (1483–1546) auf der Durchreise in den Jahren 1545 und 1546 dreimal predigte. In der Marktkirche erfolgte auch Luthers Aufbahrung während des Leichenzuges von Eisleben, wo er starb,

Orgel der Firma Schuke mit dem Prospekt der Orgel Christoph Contius aus dem Jahr 1716

nach Wittenberg, wo Luther am 22. Februar 1546 in der Schlosskirche begraben wurde. Zur Erinnerung an die Reformation und den Reformator gibt es seit Mai 2006 im Untergeschoss der »Blauen Türme« ein Luthermuseum.

Bereits 1542 wurden die Arbeiten an der Kirche unter der Leitung des aus Pirna herbeigerufenen Nickel Hoffmann, der ab 1545 als Ratswerkmeister für Halle tätig wurde, wieder aufgenommen. Er vollendete die Kirche nach den Plänen Krafts, so dass der Gesamtbau sich in einer beeindruckenden Einheitlichkeit präsentiert. Im Jahr 1549 war die dreischiffige spätgotische Hallenkirche von zehn Jochen zwischen den beiden älteren Turmpaaren vollendet. Zwischen 1550 und 1554 wurden noch die Emporen eingezogen sowie die Türme der alten Marienkirche um ein Stockwerk erhöht und mit der unverwechselbaren »welschen Haube« bekrönt. Das Äußere der Kirche ist von einheitlicher schlichter Gestaltung und wird durch regelmäßige, dicht gestellte Strebepfeiler gegliedert. Dazwischen öffnen sich schmale, mit geometrischem Maßwerk gefüllte Fenster. Unter den Fenstern befinden sich separat betretbare kleine Betstuben, meist aus dem ausgehenden 17. Jahrhundert, die sich zum Innenraum logenartig öffneten. Jeweils zwei Portale von gleicher Form an den Langseiten führen in das Innere der Kirche. Dies ist ein beeindruckend weiter Raum mit auffallend breitem Mittelschiff und schmalen Seitenschiffen ohne gesonderten Chorraum. Das den Raum überspannende dichte Netz- und Sterngewölbe wird von stabartig schlanken gekehlten Pfeilern getragen. Bemerkenswert ist die sehnenartige Verspannung von Gewölben und Pfeilern durch frei schwebende Rippen. Ein Virtuosenstück spätgotischer Steinmetzkunst ist der von Nickel Hoffmann geschaffene Abhängling in der Raummitte. Ursprünglich besaßen die Gewölbe noch eine reiche Rankenbemalung.

Bereits Caspar Kraft hatte zumindest in den Seitenschiffen steinerne Emporen vorgesehen, die in wohl völlig veränderter Konzeption unter Nickel Hoffmann von Thomas Rinckler und weiteren Steinmetzen ausgeführt wurden. Sie umziehen den gesamten Innenraum (zweites hölzernes Emporengeschoss 1698), und an den westlichen Ecken führt eine große steinerne Wendeltreppe zu ihnen hinauf. Im Unterschied zum spätgotischen Raumeindruck versah Nickel Hoffmann die Zwickelflächen der Arkaden und Bögen mit einem zartgliedrigen und schwungvollen Ornament in flachem Relief, das aus antikisierenden Wellen- und Kandelaberranken entwickelt ist. Es zählt zu den phantasievollsten Ornamenten der mitteldeutschen

Kanzel aus dem Jahr 1547 mit Schalldeckel von 1596

Kruzifix von Peter Hinz, 1976

Renaissancearchitektur. Die von kleinen Balustersäulen in rechteckige Felder geteilten Brüstungen sind dagegen mit starrem Maßwerk geschmückt. Eine Besonderheit dieser Emporenanlage sind außerdem die am Gesims unterhalb der Brüstung umlaufenden Inschriften: Bibelsprüche, Gedenk-, Bau- und Stifterinschriften. Die 22 Bibelsprüche sollen die Gemeinde, die in dieser Kirche zusammenkommt, auf das Zentrum der reformatorischen Botschaft hinweisen und zugleich zur Treue im Bekenntnis aufrufen. In der Mitte der Nord- und Südseite werden die Bibelsprüche durch das Gedenken an die Reformation und den Reformator mit Wappen und Reliefbildnis Luthers sowie dem Wappen Justus Jonas' – Jona, der aus dem Rachen des Wales steigt – ergänzt. An dieser Stelle der Kirche wird die Überführung eines spätmittelalterlichen Kultraums zu einer protestantischen Predigtstätte sichtbar. Bis zur Reformation war die architektonische Indienstnahme von Schrift in Kirchenräumen in diesem Umfang und bei gänzlicher Bildlosigkeit nicht vorgekommen.

Festtagsseite des 1529 von Simon Frank gemalten Altars

Ausstattung und jüngere Baugeschichte

Dem Bildverzicht entspricht auch die schlichte Ausstattung der Kirche. Augenfällig wird dies vor allem angesichts der steinernen Kanzel aus dem Jahr 1547, die der Wortverkündigung dient und inmitten der Kirche an einem der südlichen Langhauspfeiler steht. Zwar findet sich über der Tür zum Kanzelaufgang eine Darstellung Christi als Weltenrichter zwischen zwei anbetenden Engeln, der Kanzelaufgang, der polygonale Korb und seine Tragsäule sind aber lediglich mit einem geometrischen Ornament, in spätgotischen Formen mit Renaissancedetails, geschmückt. Den manieristischen, bizarr geformten hölzernen Schalldeckel schufen 1596 der Bildschnitzer Heinrich Heidenreuter und der Tischler Hans Stelwagen. Das ausgeführte Werk wurde von Heinrich Lichtenfels (gest. 1596) farbig gefasst. Über dem ausladenden siebenarmigen Stern ist von Säulen getragen ein weiterer kleiner Stern angeordnet, auf dem die Verklärung Christi plastisch dargestellt ist. Verziert ist der Schalldeckel mit einer Vielzahl bewegter Plastiken: Kruzifix, Evangelisten und Engel mit Marterwerkzeugen.

Das Prinzipalstück, der Altar, wurde bereits 1529 von Simon Frank (um 1500–1546/47), Schüler Lukas Cranachs d. Ä. (1472–1553) und Hofmaler Kardinal Albrechts von Brandenburg, geschaffen. Es handelt sich dabei um einen Wandelaltar mit Tafelbildern auf Holz. Bei geschlossenen Flügeln ist auf dem Mittelbild die Verkündigung der Geburt Christi an Maria durch den Erzengel Gabriel dargestellt. Auf den Seitenflügeln sind die Hl. Ursula und Erasmus zu sehen. Die erste Wandlung zeigt ganzfigurig mit Nimbus und in prachtvollen Gewändern die Hl. Maria Magdalena, Johannes den Evangelisten, Augustinus und Katharina. In der zweiten Wandlung erscheint das Festtagsbildprogramm. Auf der Mitteltafel ist die auf einer Mondsichel thronende Maria mit dem Christuskind umgeben von einer Mandorla dargestellt. Anbetend kniet vor ihr im roten Gewand Kardinal Albrecht von Brandenburg. Auf den Seitenflügeln finden sich die prunkvoll gekleideten ganzfigurigen Ritterheiligen Mauritius und Alexander. Die Predella des Altars zeigt Maria mit dem Kind, umgeben von den 14 Nothelfern. Ursprünglich hatte der Altar, ähnlich dem der Moritzkirche, ein hohes hölzernes Gesprenge. Vermutlich gehörte er zum Altar Beatae Mariae Virginis im Dom zu Halle und wurde während der Auflösung des Stiftes 1540/41 in die Marktkirche überführt. In den Jahren 1840 und 1841 wurde der Altarplatz nach den Plänen Wilhelm August Stapels und Karl Friedrich Schinkels (1781–1841) umgestaltet. Dafür schuf der Historienmaler Julius Hübner (1806–1882) ein neues Altargemälde zum Bergpredigttext »Schaut die Lilien«. Nach der umfassenden Restaurierung der Kirche in den Jahren 1968–1983 wurde der ursprüngliche Wandelaltar wieder aufgestellt und Hübners Altarbild vor der Sakristei angebracht.

An der Ostwand oberhalb des Altars und der Empore wurde 1593 ein großes Lünettenbild durch den Hallenser Maler Heinrich Lichtenfelser angebracht. In einem prächtig geschnitzten und farbig gefassten Architekturrahmen werden Szenen aus der Apostelgeschichte und die Aussendung der Apostel in Simultandarstellung gezeigt. Die Konzep-

Getraudenkapelle im Erdgeschoss der Marienbibliothek

tion des Gemäldes stammt höchstwahrscheinlich vom Oberpfarrer der Kirche, D. Johann Olearius von Wesel (1604–1685). Vor dem Bild auf der Ostempore steht die 1663 bis 1664 von Georg Reichel (1628–1684) gebaute Orgel. Die mechanische Orgel mit sechs Registern ist eine der ältesten Orgeln Mitteldeutschlands. Womöglich hat auch Georg Friedrich Händel (1685–1759) auf dieser Orgel gespielt, war doch sein Lehrer Friedrich Wilhelm Zachow (1663–1712) Organist an der Marktkirche. Als im Jahr 1716 die auf der Westempore stehende Orgel des Christoph Contius (1676–1722) aus Halberstadt eingeweiht wurde, war es Johann Sebastian Bach (1685–1750), der sie zuerst spielte. Erhalten ist von der Orgel lediglich der prächtige Prospekt mit Akanthus- und Bandelwerkdekor. Dahinter verbirgt sich seit 1984 eine Orgel der Potsdamer Firma Schuke (56 Register, 3 Manuale und Pedal).

Es wurden aber auch einige Ausstattungsstücke der alten Kirchen in die neue übernommen. So auch das bronzene Taufbecken, das vor dem Altar aufgestellt ist. Laut Inschrift wurde es von Ludolf von

Braunschweig und seinem Sohn Heinrich in Magdeburg im Jahr 1430 gegossen. Das runde Becken ruht auf vier Heiligenfiguren. An seinem Rand sind in rundbogigen Maßwerkarkaden Reliefs von Christus, Maria und den Aposteln zu sehen. Dieselbe Werkstatt lieferte auch an die Ulrichskirche ein Taufbecken. Ebenfalls erhalten ist eine Glocke der alten Kirchen. Im nördlichen der Blauen Türme der ehemaligen Gertrudenkirche hängt die am 23. Juni 1420 gegossene Bronzeglocke mit einem dominanten *Cis*. Im südlichen Turm hängen drei Glocken, von denen die beiden großen 1674 gegossen wurden (Töne A–F). Sie sind reichhaltig mit Schmuck und Inschriften verziert. Daneben hängt ein kleines »Bittglöcklein«. Der Schall der Glocken der Hausmannstürme verkündete Feuer und Gefahr, wovor ein Wächter, der »Hausmann«, durch Anschlagen der Glocke warnte.

Die Marktkirche hat in ihrer Geschichte keine größeren Veränderungen ihrer äußeren und inneren Gestalt erfahren. Die Schäden eines Bombentreffers 1945 konnten bis 1948 behoben werden. Eine seit Jahrzehnten notwendige Generalsanierung erfolgte nach 1967, als durch eine geplatzte Fernwärmezuleitung der Kirchenheizung der gesamte Innenraum und die Ausstattung schwer beschädigt wurden. Die folgende Sanierung unter der Leitung der Arbeitsstelle Halle des Institutes für Denkmalpflege war eine der großen denkmalpflegerischen Instandsetzungen und Restaurierungen der DDR, im Zuge derer man sich dafür entschied, das Erscheinungsbild des 16. Jahrhunderts weitgehend wiederherzustellen.

Zur Gemeinde der Marktkirche, die durch den Zusammenschluss der Gertruden- und Mariengemeinde entstanden ist, zählen seit Anfang der 70er Jahre des 20. Jahrhunderts die Glieder der Ulrichs- und Moritzgemeinde und seit 2001 ebenfalls die der Georgengemeinde.

Zur Marktkirche gehört auch die Marienbibliothek, die als eine der ältesten und größten Kirchenbibliotheken Deutschlands gilt. Sie wurde von Sebastian Boetius (1515–1573), Oberpfarrer der Marktkirche, 1552 gegründet und war bis zur Errichtung der Universitätsbibliothek 1694 die einzige öffentliche wissenschaftliche Bibliothek Halles. Sie umfasst heute circa 30.000 Bände vorwiegend aus dem 15. und 18. Jahrhundert. Darunter befinden sich über 600 Inkunabeln. Die neben der Kirche liegende Bibliothek war bis zum Neubau 1887/88 in einem Renaissancehaus von 1609 untergebracht, das auch als Pfarrhaus und Superintendentur diente. Im Untergeschoss des heutigen Bibliotheksgebäudes befindet sich die Getraudenkapelle, die als Traukirche gebaut wurde.

Bauzeit: nach 1388–1557

Standort: An der Moritzkirche 6–8
Konfession: katholisch

St. Moritz

Am Ende des Mittelalters besaß Halle vier Pfarrkirchen innerhalb seiner Mauern. Die Moritzkirche ist die einzige von ihnen, die alle Veränderungen der Stadtgestaltung und kirchlichen Organisation der Jahrhunderte überdauert hat. Sie war die Pfarrkirche für den südlichen Teil der Stadt und damit Gotteshaus für die Talgemeinde der Pfänner, der vermögendsten Bürger von Halle. An Stelle der wohl um 1000 errichteten kleinen Kapelle St. Moritz ließ die Gemeinde zwischen 1121 und 1141 eine romanische Kirche erbauen. 1184 verband Erzbischof Wichmann von Magdeburg (vor 1116–1192) die Kirche mit dem zweiten halleschen Augustinerchorherrenstift und besetzte sie zunächst mit Geistlichen aus Neuwerk. Damit war die Kirche weiterhin Pfarrei aber zugleich Stiftskirche der Mönche, deren Klausurgebäude sich unmittelbar südlich anschlossen. Im 14. Jahrhundert erlangten die Augustinerchorherren und das Stadtpatriziat der Pfänner Macht und Reichtum, was seinen Ausdruck in einem neuen prachtvollen Haus Gottes finden sollte.

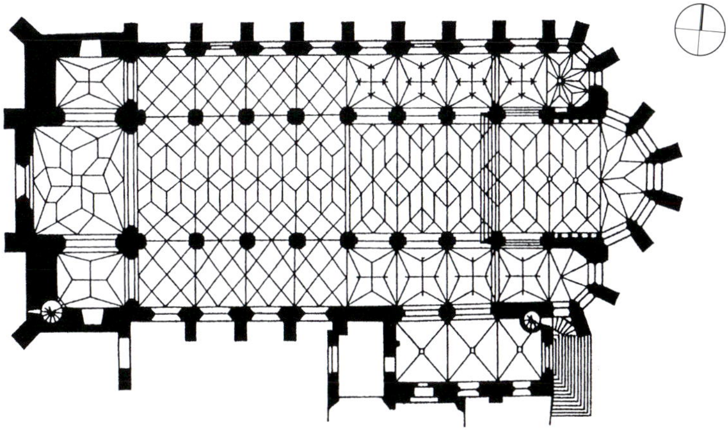

Die spätgotische Hallenkirche

Als 1388 Baumeister Conrad von Einbeck (um 1360 bis etwa 1428) für Stift und Pfarrgemeinde begann, eine neue Kirche zu bauen, stand der Vorgängerbau noch. Conrad von Einbeck plante eine dreischiffige gewölbte Halle, die im Osten mit drei Apsiden endete und deren Mittelschiff die doppelte Breite der Seitenschiffe bei gleicher Höhe hatte. Am 13. April 1388 legte Propst Paulus (Amtszeit 1388–1391) den Grundstein für den Chor der neuen Kirche. Die das Ereignis überliefernde Inschrift nennt neben Conrad von Einbeck Peter von Morl als Verwalter des Kirchenbaues. Gleichzeitig berichtet sie davon, dass das Geld für den Bau von Gemeindemitgliedern gestiftet wurde, aber vor allem vom vermögenden Pfänner Hamer Frůnt (gest. 1398) stammte. Bis gegen 1420 errichtete Conrad von Einbeck als Baumeister und Hüttenleiter den ersten nördlichen Bauabschnitt. Dieser umfasste die vier östlichen Joche des nördlichen Seitenschiffes mit Apsis und Gewölbe und die vier Seiten der Hauptapsis mit Strebepfeilern. Der hier entstandene Außenbau ist durch die tiefen, mauerlos zwischen den Strebepfeilern eingeschnittenen Fenster gegliedert. Die Gestaltung lässt vermuten, dass Conrad von Einbeck an der Prager Dombauhütte des Peter Parler geschult wurde. Gleichzeitig spricht sie davon, dass der Architekt ebenso ein Bildhauer war. Die bauplastische Ausstattung der Fassade bietet das ganze Instrumentarium gotischen Schmuckreichtums mit Panelstabwerken oberhalb der Fenster, Blendarkaden, Wimpergen, Blattornamenten,

Blick in das Gewölbe

Kreuzblumen und wasserspeierartigen Engeln. Die Konsolen und Baldachine an den Strebepfeilern und die zahlreichen Kopf- und Büstenkonsolen oberhalb der Fenster deuten auf einen reichen Figurenzyklus der Fassade hin. Erhalten sind von den Skulpturen der Pfeiler lediglich eine Mauritiusfigur und drei Apostel, die heute im nördlichen Nebenchor aufgestellt sind. Die reiche Gestaltung der Fassade wurde zum Vorbild vieler Chorbauten Mitteldeutschlands. Unter dem Einfluss Conrads stand auch die plastische Gestaltung des Nordportals, mit seiner von Propheten, musizierenden Engeln und einem Christuskopf im Scheitel besetzten Archivolte (Kopie, Original im Hof der Moritzburg).

Der erzbischöfliche Werkmeister und Steinmetz Hans Brochstete aus Magdeburg führte nach einer Unterbrechung ab 1448 den Kirchenbau weiter aus. Dabei behielt er im wesentlichen die Planung Conrad von Einbecks sowie den bereits entwickelten plastischen Formenapparat bei. Nach Einbau der Chorschranken 1456 und der Deckung des Daches über dem Ostteil und der Südvorhalle 1468 konnte die östliche Kirchenhälfte mit vier Altären im Mai 1472 von Erzbischof Johann von Magdeburg (Amtszeit 1464–1475) geweiht werden.

Christuskopf im Scheitel der Archivolte des Nordportals

Damit konnte der Stifts- und eingeschränkt der Pfarrgottesdienst in der neuen »Kirche« abgehalten werden. Die alte romanische Moritzkirche musste nun dem sich von Osten nähernden Bau weichen. In einem weiteren Bauabschnitt wurde die Langhausumfassung errichtet. Obwohl man sich an die ursprüngliche Grund- und Aufrissdisposition hielt, wurde der plastischen Bauschmuck stark vereinfachte. Dies war vor allem einem veränderten Zeitgeschmack geschuldet. 1493 legte Erzbischof Ernst von Sachsen den Grundstein für den Bau der Westtürme. Die stattliche Turmfront gedieh aber nur bis zur Höhe der Langhausmauern. Erst im Barock wurde über den westlichen Turmzwischenbau ein hoher Glockenturm errichtet (1694–1697), der bereits 1789 nach einem Einsturz wieder abgetragen werden musste. 1801–1803 wurde anstelle der Türme ein Glockenhaus gesetzt.

1493 begann die Bauhütte der Moritzkirche mit 30 bis 40 Steinmetzen den letzten großen Bauabschnitt, der 1510 vollendet war. Es fehlte aber fast das gesamte Gewölbe der Kirche. Nachdem Nickel Hoffmann (um 1510 bis um 1592) die Marktkirche vollendet hatte, beauftragte man ihn, im Langhaus und in den Turmräumen die fehlenden Gewölbe einzuziehen, was von 1554 bis 1557 erfolgte.

Innenraum, Blick nach Osten

Nach fast 170 Jahren Bauzeit war eine dreischiffige Hallenkirche von acht Jochen mit prachtvollen gestaffelten Apsiden entstanden (33 Meter lang, 22 Meter breit) – ein Hauptwerk der mitteldeutschen spätgotischen Architektur. Die Außenwände sind entsprechend der inneren Jochteilung mit Strebepfeilern bestellt, dazwischen wurden große spitzbogige Fenster in das Mauerwerk geschnitten. Der reiche plastische und skulpturale Schmuck an den Strebefeilern und Fenstern des Chores wird nach Westen reduziert. Daran kann man noch heute gut die einzelnen Bauabschnitte ablesen. Ebenso sind diese im Inneren der Kirche deutlich zu sehen.

Im älteren Ostteil trennen viereckige, an den Seiten gekehlte Pfeiler das Mittelschiff von den Seitenschiffen. Oberhalb sind die Pfeiler durch spitzbogige Arkaden verbunden. Am vierten östlichen Pfeilerpaar trennt ein Bogen, der quer über das Mittelschiff verläuft, deutlich den jüngeren 1493 begonnenen Westteil ab. Hier sind es einfache Achteckpfeiler, die ohne Verbindung von Arkadenbögen hoch in das Gewölbe hineinragen. In der ersten Bauphase unter Conrad von Einbeck wurde lediglich die Nordapsis gewölbt. Das zierliche Sterngewölbe mit Majestas Domini als Schlussstein verweist noch einmal deutlich auf die Prager Parlerkunst. Gleichfalls ist hier und an den sich anschließenden vier Seitenschiffjochen der ursprüngliche Plan zur Wölbung der Kirche zu beobachten. Dass trotz der späteren Änderung im Pfeilersystem und der langen Bauzeit ein geschlossener spätgotischer Raumeindruck entstand, ist das Werk Nickel Hoffmanns. Er berücksichtigte in einer differenzierten Gewölbebildung die Unterschiede zwischen Ost- und Westteil. Im älteren Ostteil behält er das Rippenprofil der ersten Bauphase bei. Im Westteil verwendet er die für 1510 typische Rippenform und überspannt die drei Schiffe mit einer variierten Netzrippenfiguration. Es zeigt sich ein Meister, der erstaunlich kunstfertig das spätgotische Formenrepertoire beherrschte und sich sensibel in den gotischen Kirchenbau, den er vorfand, hineindenken konnte.

Als die Kirche nach der Überwölbung in der Mitte des 16. Jahrhunderts letztendlich fertig gestellt war, hatten sich die städtischen Verhältnisse längst geändert. Am Beginn des 15. Jahrhunderts hatten die Magdeburger Erzbischöfe das Stadtpatriziat entmachtet und dessen Vermögen reduziert. Die Augustinerchorherren mussten unter Kardinal Albrecht von Brandenburg (1490–1545) ihr Stift zugunsten seines »Neuen Stiftes« aufgeben. Die Mönche verließen 1520 mit allem beweglichen Besitz St. Moritz. In der Folge nutzten die Dominikaner, die ebenfalls durch Kardinal Albrecht ihren angestammten

links: *Skulptur des Heiligen Mauritius, die im Volksmund »Schellenmoritz« genannt wird. 1411 von Conrad von Einbeck gefertigt*

rechts: *Ein von Conrad von Einbeck geschaffenes Stifterbildnis*

Ort verlassen mussten, bis 1541 Kirche und Stiftsgebäude. Die Moritzkirche blieb aber Stammkirche der Halloren, der Zunftgenossen der Saline. Die Pfarrgemeinde feierte 1542 den ersten evangelischen Gottesdienst.

Die Skulpturen des Conrad von Einbeck

Bekannt ist die Moritzkirche vor allem wegen ihres Bildhauers Conrad von Einbeck. Der Architekt und Hüttenleiter schuf in seiner circa 30-jährigen Tätigkeit in Halle für den Innenraum der Kirche sechs ausdrucksstarke Plastiken von bemerkenswerter Qualität. Sämtliche Werke bis auf eine Ausnahme signierte er und datierte sie zum Teil. Beim Eintritt in die Kirche fällt am zweiten östlichen Pfeiler die überlebensgroße Skulptur des Hl. Mauritius, des Patrons der Kirche, auf. Die 1411 fertig gestellte Skulptur zeigt den Heerführer der Thebäischen Legion in einer prunkvollen und für das 15. Jahrhundert zeitgenössischen Rüstung. Die Glöckchen an seinem Waffenrock haben im Volksmund zu dem Namen »Schellenmoritz« geführt. Lanze, Schild und Schwert verweisen auf die Tugend der Tapferkeit und die Glasperlen um den Hals auf die Glaubensstärke des Märtyrers. Unter ihm ist das Relief des zusammenbrechenden Kaisers Maximians, über den Mauritius triumphierte, zu sehen. Die Physiognomie des Heiligen ist so realistisch gestaltet, dass eine überwältigende Wirklichkeitsnähe erzeugt wird. Wie auch bei der Figur des »Schmer-

zensmannes« (1416): Christus mit den Wundmalen ist der lebend leidende Erlöser. Rechts neben ihm im nördlichen Nebenchor steht die »Schmerzensmutter« (ca. 1415). Auf dem Sockel unter ihr ist die zerschnittene Schlange als Zeichen der Überwindung der Erbsünde dargestellt. Marias Leiden findet seinen starken Ausdruck in der übergroßen Trauerhand und dem die Figur völlig einhüllenden Mantel. Im südlichen Seitenchor ist Christus an der Geißelsäule (1419) aufgestellt, eine im Gegensatz zu den anderen Skulpturen stärker idealisierte Darstellung. Ein kleines Relief in der Nordwand des Hauptchores, das die Anbetung der Heiligen drei Könige zeigt, wurde ebenfalls von Conrad von Einbeck geschaffen.

Alle Figuren stehen in ihren derben drastischen Zügen im starken Gegensatz zur Eleganz des die Zeit prägenden Stils – des »Weichen Stils«. Die von tiefer Gemütsbewegung erfüllten Skulpturen lassen sich in die gefühlsbetonte Strömung spätgotischer Plastik einordnen. Da die Skulpturen wohl erst beträchtliche Zeit nach ihrer Entstehung aufgestellt und seit dem 17. Jahrhundert mehrfach umgesetzt wurden, ist nicht mehr nachzuvollziehen, für welchen Standort sie ursprünglich bestimmt waren. Das gilt auch für die Bildnisbüste des Conrad von Einbeck, die lange für ein Selbstbildnis des Künstlers gehalten wurde. Die im nördlichen Nebenchor angebrachte Büste stellt höchstwahrscheinlich das Stifterporträt des Hamar Frůnt dar und stand ursprünglich in Verbindung mit der Weihetafel für den Neubau

Anfang des 16. Jahrhunderts gefertigter Hochaltar

des Chores. Sie stellt mit der eindringlichen individuellen Wiedergabe der Gesichtszüge eines der großartigsten Porträts der Kunst um 1400 dar und steht in der Tradition der Triforiumsbüsten Peter Parlers im Prager Veitsdom. Das Stifterporträt steht wohl in Zusammenhang mit dem Stifterbüstenzyklus an den Pfeilern der Ostseite, der anhand von Fragmenten und Abbruchspuren nachgewiesen wurde. Entsprechend der spätmittelalterlichen Memoria-Vorstellung wollten sich hier die Stifter des neuen Kirchenbaus ein ewiges Gedächtnis schaffen.

Weitere Ausstattung und jüngere Baugeschichte

Der am Anfang des 16. Jahrhunderts gefertigte Hochaltar wird getragen von einem frühgotischen Altartisch, der mit Ecksäulen und kleinen Rosetten geschmückt ist. Darüber erhebt sich der hölzerne Altaraufbau. Der sockelartige Unterbau des Flügelaltars, die Predella, zeigt die Gemälde »Kreuzabnahme«, »Grablegung« und »Auferstehung Christi«. Der Altar ist ein Wandelaltar, und so können dem Kirchenjahr entsprechend verschiedene Ansichten gezeigt werden. Im geschlossenen Zustand sind die vier Kirchenväter zu sehen und auf den zusätzlichen feststehenden Flügeln links die Hl. Ursula und rechts der Hl. Mauritius. Die Bilder schuf womöglich Georg Ihener aus Orlamünde. Als sicher gilt, dass er 1511 die Tafeln der ersten Wandlung des Altares geschaffen hat. Im Mittelfeld erscheint Christus als »Salvator mundi« und rechts neben ihm Maria im Strahlenkranz. Auf dem linken Flügel sieht man drei männliche Heilige: Augustinus, Petrus und Paulus, und auf dem rechten drei weibliche Heilige: Katarina, Maria Magdalena und Margareta (?). Im geöffneten Zustand ist im Schrein die Kreuzigung Christi, flankiert von einer Madonna mit Kind und der Hl. Maria Magdalena, zu erblicken. In den beiden unteren der vier seitlichen Nischen stehen links ein Schmerzensmann und rechts der Hl. Mauritius. Die in ihrer Zusammenstellung zufällig wirkenden Schnitzfiguren stammen von einem anderen Retabel und wurden erst später hier eingestellt. Auf den gemalten Flügeln sind links die Hl. Ursula mit zwei Gefährtinnen und rechts der Hl. Mauritius mit zwei Begleitern dargestellt. Von hoher Qualität ist das den Altar bekrönende filigran geschnitzte Gesprenge.

Mit der Einführung der Reformation änderten sich auf Grund des neuen Gottesdienstverständnisses die Anforderungen an den Kirchenraum. Bis gegen 1600 erfolgte nach und nach die Ausstattung für den evangelischen Gottesdienst. Zunächst wurde im Westen eine Empore für die 1569 von Esajas Beck (um 1540–1587) gefertigte Orgel

links: *Orgel der Firma Sauer von 1925 mit einem neogotischem Prospekt*
rechts: *1569 von Zacharias Bogenkranz gestaltete Kanzel mit hölzernem Schalldeckel, den Valentin Silbermann 1604 schuf*

errichtet. Auch stellte man Seitenemporen auf. Die sich am vierten südlichen Langhauspfeiler befindende Kanzel der Spätrenaissance schuf der Bildhauer Zacharias Bogenkranz 1592. Der runde auf einem balusterähnlichen Fuß ruhende Kanzelkorb ist mit Reliefs geschmückt, die Szenen aus dem Leben Christi zeigen. Die Reliefs der Treppenbrüstung stellen Ereignisse der Genesis und des Jüngsten Gerichtes dar. Den hölzernen Schalldeckel schuf 1604 der Leipziger Bildhauer Valentin Silbermann. Als Predigtort war die Kanzel Zentrum der Gemeindeversammlung. An Nord-, West- und Südseite wurde ein zur Kanzel hin orientiertes Gestühl aufgestellt. Die so geschaffene »Predigtkirche« wurde durch eine Balusterbrüstung gegen den »Sakramentsraum« mit Altar als Abendmahlstisch, Taufe und Beichtstühle im Chor abgegrenzt. Diese Raumordnung hatte für fast zweieinhalb Jahrhunderte Bestand.

Eine große umfassende Instandsetzung der Kirche erfolgte in den Jahren 1838 bis 1841. Nachdem ein Abriss der Kirche abgewendet werden konnte, wurde die stark verwitterte Außenfront wiederhergestellt. Dabei kam es zu einem großen Verlust der charakteristischen spätgotischen Schmuckformen am Südchor und an der Nordseite. Gleichzeitig wurde die gesamte Holzausstattung mit Ausnahme des

Altars beseitigt und der Innenraum farbig neu gefasst. Es wurde ein neugotisches Gestühl aufgestellt und eine neue Orgelempore eingebaut. Die Firma Schultze aus Paulinzella lieferte 1843 einen neuen Orgelprospekt. Die sich heute auf der Westempore befindende pneumatische Orgel erbaute 1925 die Firma Sauer aus Frankfurt/Oder. Am 13. September 1925 wurde sie durch den Thomaskantor Günter Ramin eingeweiht. Die Orgel mit 52 Registern auf drei Manualen und Pedal ist ein wichtiges Werk der Orgelbaukunst des beginnenden 20. Jahrhunderts. Zum Erhalt und zur weiteren Restaurierung der Orgel wurde 2005 ein Förderverein gegründet.

Die evangelische Gemeinde der Moritzkirche verband sich 1970 mit der Marktgemeinde und ist seitdem ein Teil dieser Gemeinde. Am 15. Juli 1966 gründete sich in Halle-Neustadt die katholische Gemeinde Halle-West. Sie nutzte zunächst die evangelische Kirche in Passendorf. Die Gemeinde wurde am 15. Juli 1969 Pfarrei und wählte den Hl. Paulus als Patron. Da eine katholische Kirche in Halle-Neustadt nicht gebaut werden durfte, pachtete sie die Moritzkirche und das angrenzende Gemeindezentrum. In einem gemeinsamen Gottesdienst wurde am 28. November 1970 die Kirche der katholischen Gemeinde übergeben. Am folgenden Tag, dem ersten Advent, wurde die erste Messe in der Moritzkirche gefeiert. Damit begann auch eine seit Jahrzehnten notwendige Gesamtinstandsetzung (1971–1978) der Kirche. Ihren Namen »St. Mauritius und Paulus« erhielt die Gemeinde am 28. September 1986. Die 1995 neu gegründete »Katholische Akademie des Bistums Magdeburg« verlegte 1999 ihren Sitz an die Moritzkirche und betreibt hier seit 2003 das Projekt »Offene Kirche St. Moritz«, eine stadtoffene und ganzheitliche Bildungsarbeit. Ebenfalls hat im Jahre 2003 die Katholische Studentengemeinde »Thomas Morus« ihre Heimat in den Räumlichkeiten von St. Moritz gefunden.

Bauzeit: 1280–1320 *Standort: Domplatz*
Umbau: 1520–1526; 1644–1672 *Konfession: evangelisch-reformiert*

Dom zu Halle

Halle war niemals Sitz eines Bistums, trotzdem besitzt die Stadt eine Kirche, die im Volksmund »Dom« genannt wird. Dies ist die ehemalige Stiftskirche Kardinal Albrechts von Brandenburg, Erzbischof von Magdeburg und Mainz, des ranghöchsten Reichs- und Kirchenfürsten der Reformationszeit. Kardinal Albrecht erhob die einstige Dominikanerkirche zur zweitwichtigsten Kirche seines Erzbistums Magdeburg und zu seiner Grabeskirche. Aus diesem Grund ließ er die Kirche, einem Dom ebenbürtig, prächtig und reich ausstatten. Das heute schlichte Äußere erinnert aber eher an die Erbauer der Kirche, die Dominikaner.

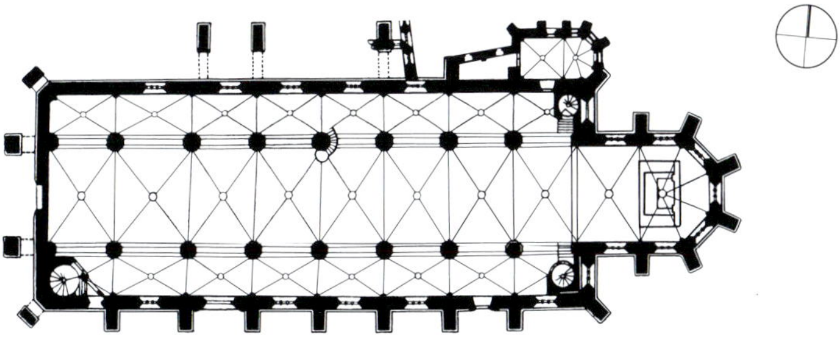

St. Pauli zum Heiligen Kreuz
Die Bettelmönche des Ordens der Dominikaner siedelten 1271 im Westen Halles an der Stadtmauer über dem östlichen Ufer des Saale-Mühlgrabens. Sie begannen sogleich unmittelbar neben ihrem Kloster eine dreischiffige Hallenkirche von acht Jochen mit kurzem Chor und schlichtem Kreuzgewölbe auf achteckigen Pfeilern zu errichten. (68,5 Meter lang, 20 Meter breit, 18 Meter hoch). Vollendet wurde der Kirchenbau im ersten Drittel des 14. Jahrhunderts. Er entsprach in seiner baukünstlerisch schlichten Gestalt, ohne Querschiff und Turm, ganz den Bauvorschriften des Ordens. Wie auch andere Bettelorden vermieden die Dominikaner prunkvolle bedeutungstragende Architektur. Für sie war der Bau nur eine Hülle für das Gedenken. Es entstand eine der frühesten Hallenkirchen Mitteldeutschlands, die noch heute durch ihre Größe beeindruckend ist. Vom Kloster ist lediglich ein kleiner Teil des Kreuzganges erhalten. Er ist zu sehen, wenn man die Kirche durch die nördliche Pforte verlässt.

Kardinal Albrecht von Brandenburg und das Neue Stift
Nachdem der Erzbischof Albrecht von Brandenburg 1518 zum Kardinal ernannt wurde, fasste er vermutlich den Entschluss, an die Bemühungen seines Vorgängers anzuknüpfen und außerhalb der Moritzburg in der Stadt ein neues Stift »St. Moritz und St. Maria Magdalena zum Schweißtuch des Herrn« zu errichten. Das Statut des Kollegiatsstiftes sah 59 Angehörige vor. Mit dem Stift sollte eine katholische Universität begründet werden, ein Vorhaben, das aber infolge der Reformation nicht mehr verwirklicht werden konnte.

Blick auf die Altarschauwand aus dem 17. Jahrhundert

Als Stiftskirche wählte Albrecht wohl aufgrund der Größe und günstigen Lage zur Burg und zum »Neuen Bau« (spätere »Neue Residenz«) die bisherige Kirche der Dominikaner. Mit Genehmigung des Papstes wurden die Mönche in das aufgehobene Augustinerchorherrenstift St. Moritz umgesiedelt. Die offizielle Gründung des »Neuen Stifts« erfolgte am 28. Juni 1520, dem 30. Geburtstag Albrechts. Geweiht wurde die neue Stiftskirche bereits am 23. August 1523, wovon noch heute zwei Weihetafeln an der Nordwand der Kirche Zeugnis ablegen. Die Kirche war seit ihrer Erhebung zur Stiftskirche nach dem Dom in Magdeburg die ranghöchste Kirche der gesamten Erzdiözese, alle anderen Kollegiatstiftskirchen sowie Pfarr- und Klosterkirchen waren in der Hierarchie ihr unterstellt.

Albrecht ließ ab 1520 bis 1525/26 die mittelalterliche Bettelordenskirche durch den erzbischöflich-magdeburgischen Werkmeister Bastian Binder (gest. 1540) dem Zeitgeschmack entsprechend um- und ausbauen. Äußerlich am auffälligsten ist der aufgesetzte Giebelkranz mit halbkreisförmigen Bogenfeldern, die vergoldete Kugeln bekrönten. Diese Verbindung von gotischem Kirchengebäude und Formen der Renaissance verleiht dem Dom noch heute sein einzigartiges äußeres Gepräge. Die Rundgiebelzone tritt in der Architektur nördlich der Alpen hier zum ersten Mal auf. Dieses Architekturmotiv verbreitete sich von hier rasch in der Profankunst Mitteldeutschlands. Albrecht ließ 1535 die turmlose Bettelordenskirche auch mit einem Glockenturm versehen, der aber bereits 1541 wieder abgerissen werden musste.

Da der Haupteingang zur Südseite verlegt wurde, betrat man die Kirche nun durch ein Renaissanceportal, das heute durch eine Kopie von 1910 ersetzt ist. Das Original von 1525 befindet sich im Hof der Moritzburg. Vom gleichen Meister stammt wohl auch das in seinem Aufbau ähnliche Sakristeiportal im Inneren der Kirche.

Im Gegensatz zum Äußeren ist auf Grund späterer Eingriffe und Veränderungen die von Kardinal Albrecht geschaffene Innenraumsituation der Kirche nur noch mit Mühe zu rekonstruieren und kaum vorstellbar. Eingefügt wurden mehrere heute nicht mehr erhaltene Emporen. Vorhanden sind allein noch die beiden Wendeltreppen, die zu ihnen hinaufführten. Abgetragen wurde auch der Lettner, der die Kirche seit der Zeit der Dominikaner in Presbyterium und Gemeinderaum teilte. An den Hohen Chor (Sanktuarium) mit dem Hochaltar schloss sich der zweijochige Unterchor des Stiftsklerus an. Hier stand das nicht vollständig erhaltene Chorgestühl, von dem ei-

links: Pfeilerfigur Petrus
rechts: Pfeilerfigur Christus als Weltenherrscher

nige Teile mit ausdrucksstarken geschnitzten Wangenreliefs sich im Chor befinden.

An seinem angestammten Platz erhalten geblieben sind der Zyklus von 17 Pfeilerstatuen sowie die Kanzel und zwei Weihetafeln. Dieser skulpturale Schmuck bietet die einzige Möglichkeit, sich eine Vorstellung von der exzellenten künstlerischen Ausstattung des Domes und vom damaligen Gesamteindruck zu machen.

Die beeindruckenden Pfeilerfiguren mit Konsolen und Baldachinen sind das Werk des Peter Schro, einem der herausragendsten Schüler des Mainzer Bildhauers Hans Backoffen (um 1470–1519). Das Bildprogramm beginnt an den Chorwänden mit Christus und dem Apostelfürsten Petrus, denen die 12 Apostel folgen. Maria Magdalena und Mauritius beenden den Zyklus im Westen. Die figurierten Baldachine über den Figuren, die kaum noch vollständig sind, zeigen weitere Heilige, vornehmlich die Vierzehn Nothelfer. Das fürbittende Gebet der Gläubigen sollte durch die in Stein versammelten Heiligen unterstützt werden. Die überlebensgroßen Standbilder (mit Konsole und Baldachin 5 Meter hoch) aus rheinischem Tuffstein waren ursprünglich farbig gefasst. Sie wurden offenbar in Mainz geschaffen und im fertigen Zustand nach Halle transportiert. Hier wurden sie wohl erst 1525 angebracht. In ihrer bildhauerischen Qualität stellen die Skulpturen ein Zeugnis deutscher Kunst der beginnenden Renaissance von hohem Rang dar. Sie beeindrucken in der Charakterisierung der Figuren und der Feinheit der Formensprache.

Die Kanzel am vierten Pfeiler der nördlichen Reihe stammt dagegen wahrscheinlich aus einer einheimischen Werkstatt. Entsprechend der Inschrift ist sie 1526 vollendet worden und steht stilistisch zwischen Spätgotik und Renaissance. Gerne wird sie Ulrich Creutz zugeschrieben, auch wenn dies abschließend nicht geklärt ist. Dargestellt sind am Kanzelkorb Moses, darüber die Epistelschreiber aus dem Neuem Testament und die Kirchenväter an den Treppenwangen.

Es ist beeindruckend, wie prunkvoll und höchst aufwendig Kardinal Albrecht die Stiftskirche ausstatten ließ. Sie war angefüllt mit Bildwerken, Schreinen, Reliquiaren, kostbaren liturgischen Geräten, Paramenten, Handschriften, Antependien, Leuchtern, Tüchern und wertvollen Teppichen. Kardinal Albrecht beauftragte hierfür namhafte Künstler und schickte seine Einkäufer nach Flandern, Augsburg, Nürnberg und Venedig.

Albrecht besaß eine der größten Reliquiensammlungen der Zeit, dementsprechend spielten die Heiligenverehrung und der damit verbundene Reliquienkult im Neuen Stift eine übergeordnete Rolle. Mit dem Fundus an Reliquien wollte Albrecht ein Heiltum für die ihm anvertrauten Gläubigen schaffen. Nach seinem Willen sollte der Reliquienschatz einmal im Jahr »öffentlich« vorgeführt werden und damit nach Zahlung eines gewissen Geldbetrages der entsprechende Ablass gewährt werden. Die Reliquien wurden in kostbaren Behältnissen und Schreinen aus Silber, Gold und anderen edlen Materialien verwahrt. Sie gehörten mit zu den schönsten Goldschmiedewerken der deutschen Frührenaissance. Ein Teil von ihnen wurde das ganze Jahr hindurch in der Allerheiligenkapelle (der heutigen Sakristei) der Kirche ausgestellt. Die wichtigsten Reliquien befanden sich neben dem Hochaltar im Hohen Chor. Um die Kunde von seiner Reliquiensammlung zu verbreiten, ließ Albrecht Heiltumbücher drucken. Da kaum eines der Reliquienbehältnisse die Zeiten überdauert hat, können nur die überlieferten Heiltumbücher einen Eindruck von der

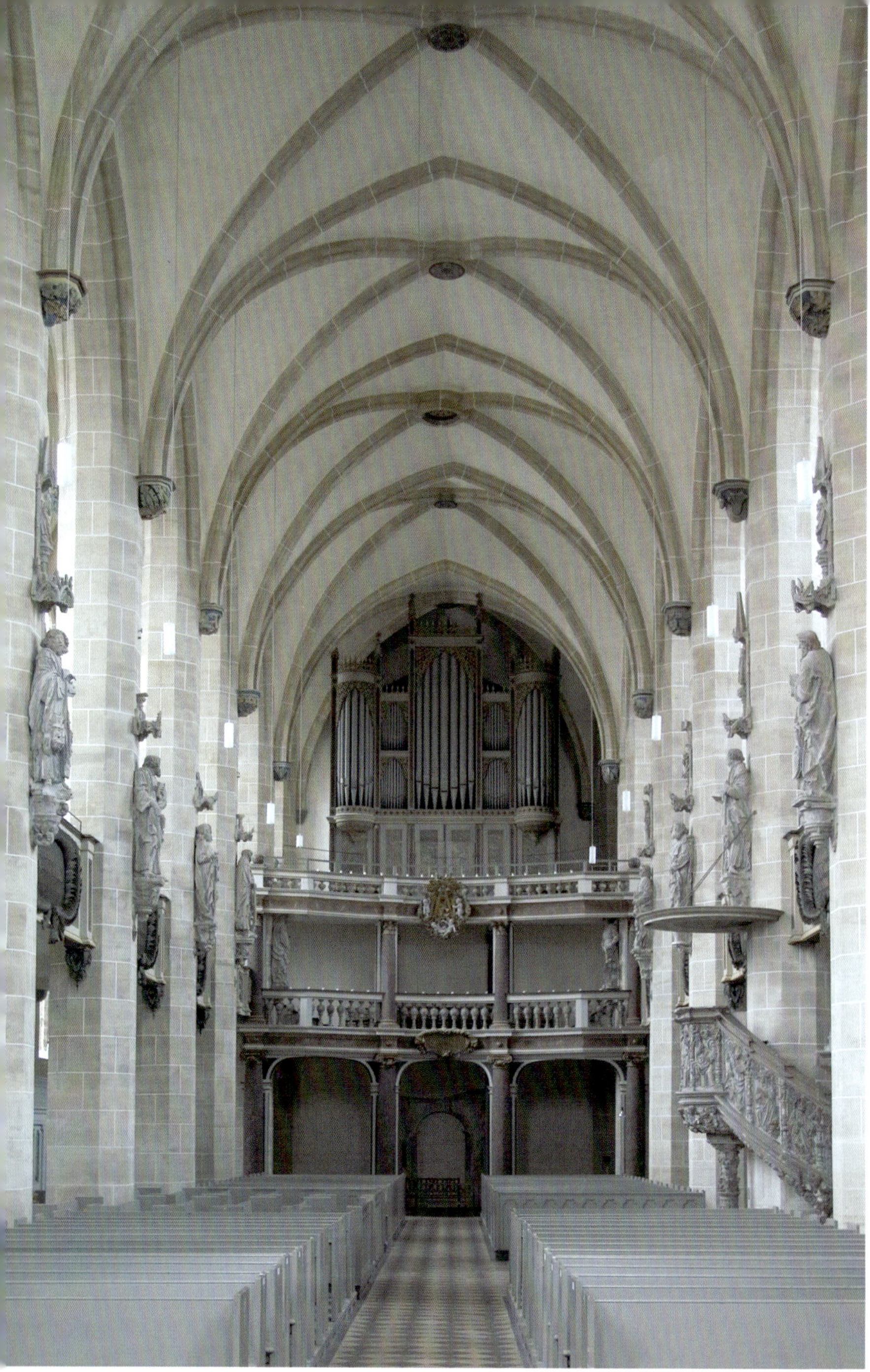

Blick zur Orgel Friedrich Wilhelm und August Wäldners, die 1851 fertig gestellt wurde

Pracht dieser Objekte vermitteln. Das erste Heiltumbuch von 1520 ist mit Holzschnitten ausgestattet. Das umfangreichere Heiltumbuch von 1526 enthält zum Teil farbige Zeichnungen und wird in der Aschaffenburger Schlossbibliothek aufbewahrt.

Der wichtigste Teil der glanzvollen Ausstattung war der Heiligen- und Passionszyklus auf 16 Nebenaltären (Wandelaltäre). Im geöffneten Zustand war im Mittelfeld eine Passionsszene zu sehen. Die Flügel zeigten ganzfigurige Heilige. Entworfen wurden die Bilder von Lukas Cranach d. Ä. (1472–1553), aber fast vollständig ausgeführt von seinem Schüler Simon Franck (um 1500–1546/47). Dieser Zyklus gehört zu den wichtigsten Arbeiten der Cranach-Werkstatt in den zwanziger Jahren des 16. Jahrhunderts. Die Werkstatt lieferte hierfür allein 142 Bilder. Einige erhaltene Tafeln befinden sich heute in Aschaffenburg und Freiburg. Darüber hinaus standen am Lettner ein Heiligkreuzaltar und sechs weitere Altäre. Weiterhin befanden sich im Kirchenschiff an den Wänden und Pfeilern zahlreiche Gemälde, die zum Teil mit dem Passionszyklus in Verbindung standen. Mehrere Einzelbilder wurden aber nicht erst für die neue Stiftskirche gefertigt, sondern entstammten der Kapelle der Moritzburg. Zwei weitere hochrangige Künstler der Zeit lieferten Gemälde für die Kirchenausstattung: Albrecht Dürer eine Tafel, die Christus zeigte und Mathias Gotthardt-Neithardt gen. Grünewald die Erasmus-Mauritius-Tafel (heute Alte Pinakothek München).

Bei dieser prächtigen Ausstattung, die an sich schon zur Selbstdarstellung des Kardinals Albrecht diente, ist es nur folgerichtig, dass er sich in der Kirche ein ewiges Gedächtnis schaffen wollte. Dafür ließ er die beiden erhaltenen Weihetafeln und eine Stiftergrablege erstellen. Das monumentale bronzene Epitaph mit der ganzfigurigen Darstellung des Kardinals und sein Gegenstück, das Bronzerelief mit einer Mondsichelmadonna sowie den Baldachin für die Tumba, fertigte die berühmte Nürnberger Gießerwerkstatt Vischer (Peter Vischer d. J., 1487–1528, und Hans Vischer, 1489–1550, Epitaph, Relief und Baldachin heute in Aschaffenburg). Für den Grabstein der Tumba beauftragte Albrecht den Renaissance-Bildhauer Loy Hering (1484/85–1554).

Kardinal Albrecht von Brandenburg verwandelte die Dominikanerkirche in eine Residenz-Stiftskirche, die in den Jahren 1520 bis 1541 zu den wichtigsten norddeutschen Zentren des katholischen Glaubens, der Kunst und geistigen Wissenschaften gehörte. Trotz und vielleicht auch wegen seiner großen Anstrengungen konnte

Albrecht die Reformation nicht aufhalten. Mit dem Fortschreiten der Reformation verließ er 1541 die Stadt Halle. Er nahm den größten Teil der Kunstschätze und Bücher mit sich, wovon bedeutende Reste bis heute in der Stiftskirche und im erzbischöflichen Schloss zu Aschaffenburg erhalten sind.

Die Dom-, Schloss- und Hofkirche

Nachdem Kardinal Albrecht von Brandenburg Halle aufgegeben hatte, erhielten zunächst die Dominikaner ihre Kirche zurück. Bereits 1561 verließen aber auch sie im Zuge der Reformation die Stadt. Das Erzbistum Magdeburg wurde mit der Reformation ein weltliches Herzogtum und stand unter der Verwaltung eines Administrators. 1589 ließ Markgraf Joachim Friedrich von Brandenburg (1566–1598), Administrator des Erzstifts Magdeburg, die Kirche instand setzen. Für kurze Zeit wurde sie dann als evangelische Dom- und Schlosskirche »Zur Heiligen Dreifaltigkeit« genutzt.

Herzog August von Sachsen-Weißenfels (1628/35–1680), ebenfalls Magdeburger Administrator, eröffnete 1644 nach jahrelangem Leerstand die Kirche wieder. Sie wurde zur »Hofkirche« des Administrators und die Stiftsgebäude zu seiner »Residenz«. Bei starker Veränderung des Innenraums erhielt die »Hofkirche« bis 1672 eine reiche frühbarocke Ausstattung, die nur unvollständig erhalten ist.

Seit 1662 dominiert die mächtige Altarschauwand den Chor der Kirche, die vom Blockaltar hinauf bis in das Gewölbe ragt. Das hölzerne architektonische Gerüst wird aus Palmensäulen, Pilastern sowie verkröpften Gebälken gebildet und von Akanthus- und Fruchtgirlanden, in denen Putti spielen, geschmückt. In der Mitte des Gerüstes sind drei Gemälde, die das Heilige Abendmahl, Christus am Ölberg und den auferstandenen Christus zeigen, eingefügt. Links und rechts des Abendmahles sind ganzfigurige Bildnisse der Stifterfamilie zu sehen. Links steht Herzog August mit seinen Söhnen und rechts seine Gemahlin Herzogin Anna Maria mit den Töchtern. Über ihnen sind die Wappen von Sachsen und Mecklenburg angebracht. Die Altargemälde schuf der Hofmaler Christoph Steger (1608–1682). In der unteren Reihe des Altares befinden sich Schrifttafeln.

Beim Umbau entfernte man die alten Emporen und fügte zwei Seitenemporen ein (1672 vollendet). Ehemals ragten die Emporenbrüstung über die Pfeiler hinaus in das Kirchenschiff hinein und bezogen die Pfeilerfiguren, die man weiß tünchte, in die Schnitzwerk-Dekoration ein. Die Emporenbrüstungen bestimmten als ein durchlaufendes Band das Kircheninnere und zogen Mittelschiff und Chor zu einem

1526 vollendete Kanzel mit Schalldeckel

Raum zusammen. Auf der Südempore, der Kanzel gegenüber, befand sich der aufwändig gestaltete Fürstenstuhl, der 1943 entfernt wurde. Hier nahm die Herrschaftsfamilie separiert am Gottesdienst teil.

Die doppelgeschossige, zurückschwingende Orgelempore war bereits 1665–1667 errichtet worden. An der oberen Brüstung ist ein Lorbeerkranz mit den von Putti gehaltenen Buchstaben AMHZS zu sehen. Dies sind die Initialen des Stifterpaares, August, Herzog von Sachsen und Anna Maria, Herzogin von Sachsen. Die Orgel lieferte 1667 der Wettiner Orgelbaumeister Christian Förner (1610–1678). Der Hofmaler Christoph Steger sorgte für die künstlerische Ausschmückung des Orgelprospektes und der Empore. Auf dieser Orgel spielte 1702/03 der junge Domorganist Georg Friedrich Händel (1685–1759). Das für eine protestantische Hofkirche typische barocke Raumbild wurde durch die beiden Altarschranken und zwei dahinter aufgestellte »Betstübchen« abgerundet.

Nach dem Tod von Herzog August 1680 fiel das Gebiet des früheren Erzstiftes Magdeburg und damit auch Halle an das Kurfürstentum Brandenburg. Der Dom blieb bis 1688 ungenutzt.

links: *Gewölbekonsole*
rechts: *Renaissanceportal der ehemaligen Allerheiligenkapelle, der heutigen Sakristei*

Das Gotteshaus der evangelisch-reformierten Gemeinde
Kurfürst Friedrich Wilhelm von Brandenburg (1620–1688) ordnete 1680 regelmäßige reformierte Gottesdienste im Dom an und ernannte ihn zur reformierten Hofkirche. Am 14. November 1686 schlossen sich reformierte französische Glaubensflüchtlinge (Hugenotten) zu einer reformierten Gemeinde zusammen, die ihre Gottesdienste in der Maria Magdalenen Kapelle der Moritzburg abhielt. Zwei Jahre später, am 16. April 1688, wurde der erste deutsche reformierte Gottesdienst in Halle gehalten. Zunächst bildeten einige Familien vom kurfürstlichen Hof die deutsch-reformierte Gemeinde, Glaubensflüchtlinge aus der Pfalz und der Schweiz kamen hinzu. Der Kurfürst Friedrich Wilhelm stellte ihnen den Dom zum »ewigen Gebrauch« zur Verfügung. 1809 schlossen sich die französisch-reformierte und die deutsch-reformierte Gemeinde zu einer Schloss- und Domgemeinde zusammen. Die Domgemeinde hatte die preußische Union mitvollzogen, ist aber weiterhin reformiert geblieben und heute in die Landeskirche der Kirchenprovinz Sachsen eingegliedert. Sie ist die einzige evangelisch-reformierte Gemeinde der Stadt Halle.

Da die reformierte Frömmigkeit auf das Wort ausgerichtet ist, wurde 1688 in den Dom ein Gestühl eingebaut, das sich der Kanzel und nicht dem Altar zuwandte. Weitere Veränderungen am Außenbau oder der Innenraumsituation nahm die Gemeinde zunächst wohl nicht vor. In den 30er Jahren des 19. Jahrhunderts begannen die bis heute andauernden Restaurierungs- und Sanierungsmaßnahmen der Kirche sowie Umbauten im Inneren. 1851 wurde die barocke Förner-Orgel durch ein Instrument des halleschen Orgelbauers Friedrich Wilhelm Wäldner (1785–1852) und dessen Sohn August Ferdinand (1817–1905) ersetzt. Die über zwei Manuale und 33 Register verfügende Orgel gehört heute zu einem der herausragenden Zeugnisse der Orgelbaukunst der Romantik in Mitteldeutschland. Klanglich konzipiert wurde sie von dem Merseburger Domorganisten August Gottfried Ritter (1811–1885).

Um den gotischen Raumeindruck wiederzugewinnen, wurden zwischen 1883 und 1885 die Empore zurückgesetzt und ihr Schnitzdekor bis auf die mit Palmenwedeln gerahmten Schrifttafeln reduziert sowie weitere barocke Einbauten entfernt. Zwischen 1907 und 1911 wurde das Mauerwerk saniert, das Renaissanceportal in die Moritzburg überführt und die Gewölbekappen gotisierend-vegetabil durch den Berliner Kunstmaler und Innenarchitekten August Oetken (1868–1951) ausgemalt. Nach dem Zweiten Weltkrieg musste der Dom umfassend instand gesetzt werden. Bei der Sanierung des Innenraums (1957–1959) bemühte sich das Institut für Denkmalpflege Halle vor allem darum, die Ausstattung insgesamt zu erhalten.

Im Jahr 1991 begann eine seit Jahrzehnten notwendige Instandsetzung und Restaurierung des stark geschädigten Bauwerks unter der Leitung des Architekten und Denkmalpflegers Reinhard Rüger (geb. 1934). Es wurde am gesamten Außenbau eine Substanzsicherung vorgenommen, eine schützende Putzschicht aufgetragen und die bekrönenden Steinkugeln wieder auf die Giebel aufgesetzt. Ebenso umfassend musste im Inneren das Gewölbe saniert werden. Noch sind die Arbeiten im Dom nicht abgeschlossen. Altar, Gestühl und Fußboden warten auf ihre Restaurierung. Seit 1996 trägt die Stiftung »Dome und Schlösser in Sachsen-Anhalt« die Verantwortung für das Bauwerk.

Bauzeit: Mitte 14. Jh.–1510
Umbau: 1972–1976

Standort: Leipziger Straße 95
profaniert, Konzerthalle

St. Ulrich

Die ehemalige Pfarrkirche St. Ulrich war ursprünglich die Klosterkirche der Servitenmönche (Marienknechte), die sich im Jahr 1339 in der Stadt niedergelassen hatten. Dieser Bettelorden war rund 100 Jahre zuvor in Florenz gegründet worden und lebte nach der Augustinerregel. Ausgangspunkt für die älteste deutsche Niederlassung dieses Bettelordens war die 1216 erbaute Klause eines Marienbruders am Giebichenstein. Im Spätmittelalter ging von diesem Orden die klösterliche Reformbewegung in Deutschland mit aus und er war bedeutend für die Pflege der Wissenschaften. Prächtige und reich geschmückte

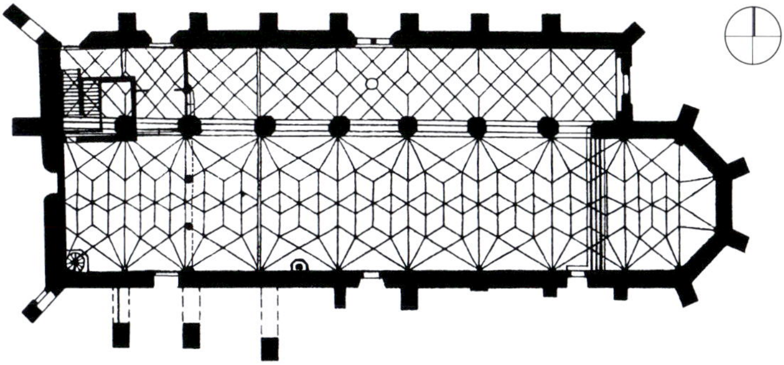

Bauten waren ihm nicht gestattet. Die Kirche atmet daher die Schlichtheit und Klarheit einer reduzierten und konzentrierten Architektur.

Die Klosteranlage war im Laufe einer rund 180 Jahre währenden Bauzeit errichtet worden. Mitte des 14. Jahrhunderts wurden der Chor und die ersten vier östlichen Langhausjoche errichtet und nach einer Bauunterbrechung von circa 75 Jahren die fehlenden vier westlichen Joche. Erst mit der Einwölbung der Kirche um 1510 wurden die Arbeiten abgeschlossen. Die turmlose zweischiffige Halle von acht Jochen mit fünfseitigem Chorabschluss und zwei Dachreitern ist in ihrer Schlichtheit und Nüchternheit ein beeindruckendes Beispiel spätmittelalterlicher Bettelordenarchitektur und stellt durch die Zweischiffigkeit eine Rarität dar. Ihr Äußeres ist trotz der zeitlich auseinander liegenden Bauabschnitte bemerkenswert einheitlich. Von den Klostergebäuden, die sich südlich an die Kirche anschlossen, sind nur noch Reste erhalten. Das große Hauptportal an der Nordseite ist durch einen Mittelpfosten zweigeteilt. Auf dem Kapitell, der dem Pfosten vorgestellten Säule, ist die Muttergottes mit Kind dargestellt. Im Tympanon befindet sich ein Relief mit der Darstellung des Marientodes. Die auf einer Bahre liegende Maria wird von den Aposteln zu Grabe getragen. Darüber in der Mandorla thront Christus. Das Relief soll von der St. Wolfgangskapelle stammen, die sich östlich der Kirche befand und 1665 wegen Baufälligkeit abgerissen werden musste. Von der Wolfgangskapelle stammt zudem wohl der westliche Dachreiter, in dem sich noch heute eine Glocke aus dem 13. Jahrhundert befindet, die aus der alten am Ulrichstor gelegenen Ulrichkirche stammt. Den Innenraum dominieren gliederungslose Wandflächen, die nur von Runddiensten unterbrochen werden. Gemeinsam mit den schlanken achteckigen Pfeilern tragen sie das prächtige, spätgotische

links: Blick in das Gewölbe
rechts: Barocke Westempore mit dem Prospekt der 1675 von Christian Fröner erbauten Orgel

Stern- und Netzgewölbe. Die Kapitelle an den Pfeilern und Diensten zeigen eine Vielzahl von Einzelformen: Menschenköpfe, Tierfiguren wie eine Fledermaus und einen Pelikan, Löwenköpfe sowie Blumen- und Fruchtkörbe. Die großen, im Barock zur Hälfte zugemauerten Fenster sorgen für die notwendige Lichtfülle. Das ehemalige Sakramentshäuschen entstand um 1525 in spätgotischen und frühmanieristischen Formen. In den Gewölben finden sich reiche florale Malereien aus der Mitte des 16. Jahrhunderts, die lange Zeit überdeckt waren und bei einer Restaurierung im Jahr 1925 freigelegt wurden. Die Malereien weisen darauf hin, dass die Kirche bei der Übernahme durch die Ulrichsgemeinde neu ausgestaltet wurde.

Bereits wenige Jahre nach der Fertigstellung der Kirche erlosch das Klosterleben, da zahlreiche Mönche zur Reformation übertraten und die Almosen ausblieben. Die daraus resultierende Aufhebung im Jahr 1527 war die erste eines Klosters in Halle im Verlauf der Reformation. Kardinal Albrecht von Brandenburg (1490–1545) übergab die Kirche der Pfarrgemeinde St. Ulrich, die in einer feierlichen Prozession am 23. November des Jahres 1531 von ihrer alten Kirche hierher zog. Die ursprüngliche Ulrichskirche, die auf Weisung Albrechts abgebrochen wurde, lag im Norden der Stadt nahe dem nach dem gleichen Patron benannten Tor – dort wo heute die Große und die Kleine Ulrichstrasse in den Universitätsring münden.

Die nun in der Kirche angesiedelte Ulrichsgemeinde hatte während ihres Bestehens einige berühmte Mitglieder. So wurde der Komponist und Hofkapellmeister Samuel Scheidt (1587–1654) hier getauft, und August Hermann Francke (1663–1727), Gründer der Franckeschen Stiftungen, war 1715–1727 ihr Pfarrer. Nachdem die preußischen Truppen 1806 die alte Universitätskirche in ein Magazin umwandelten, fand die Universitätsgemeinde bis 1835 Aufnahme in der Ulrichskirche. Daher predigte der berühmte Theologe und Philosoph Friedrich Schleiermacher (1768–1834) mehrfach in diesem Gotteshaus.
Die im 19. Jahrhundert stark angewachsene Gemeinde wurde 1880 schließlich durch die Abtrennung der Johannes- und Christusgemeinde geteilt. Einen tief greifenden Einschnitt erlebte die Ulrichskirche Mitte der 1970er Jahre. Die Gemeinde musste die Kirche aufgeben, und seitdem ist sie Teil der Marktgemeinde. 1972 bot die Ulrichsgemeinde ihre Kirche der Stadt Halle zur kulturellen Nutzung an. Letztere nahm das Angebot an, da für die 1972 gegründete Philharmonie ein passender Spielort gesucht wurde. Zu diesem Anlass wurden die barocke Nordempore und die Kirchenstübchen samt der Wandpaneele abgebrochen und der größte Teil der wertvollen Ausstattung entfernt. Der Hochaltar von 1488, das Chorgestühl, der Taufstein und die Kanzel wurden nach Magdeburg in die wieder aufgebaute Walloner Kirche St. Augustini gebracht. Da die Renaissance-Kanzel, das wohl kostbarste Ausstattungsstück der Ulrichskirche, in Magdeburg nicht aufgebaut wurde, kehrte sie im Jahr 2000 zurück und soll nach ihrer Restaurierung nun am alten Ort wieder aufgestellt werden. Sie stammt aus dem Jahr 1588 und ist aus Holz geschnitzt. Ihre teilweise vergoldeten Figuren wurden von einem 1645 hinzugefügten Schalldeckel überfangen. Ein vergleichbares Gegenstück zum alten Taufstein findet sich heute in der Marktkirche. Erhalten geblieben ist auf der barocken Westempore der Prospekt der 1675 von Christian Förner (1610–1678) aus Wettin bei Halle erbauten Orgel, die Ludwig Compenius (um 1603–1671) fertig stellte. Ausgestaltet wurde der Orgelprospekt mit trompetenblasenden Engeln und prächtigem Schnitzdekor von Michael Beyer.

Seit 1976 wird die Kirche als Konzertraum mit 500 Plätzen genutzt. Im Chor errichtete man 1980 eine große Konzertorgel, die den Raumeindruck stark beeinträchtigt. Das Instrument der Orgelbaufirma Sauer aus Frankfurt/Oder verfügt über 56 Register auf drei Manualen und Pedal. Sie erklingt unter anderem bei der monatlichen Orgelstunde, einer von derzeit etwa 150 jährlichen Veranstaltungen in der Ulrichskirche.

Bauzeit: Mitte 12. Jh.
Umbau: 1570, 1690
Wiederaufbau: 1984–1991

Standort: Am Kirchtor 2
Konfession: evangelisch

St. Laurentius

Im Jahr 1116 gründete Erzbischof Adalgot von Magdeburg (Amtszeit 1107–1119) nördlich vor den Toren der Stadt am Weg zum Giebichenstein das Kloster Neuwerk, das er mit Augustinerchorherren aus Rottenbuch (Oberbayern) besetzte. Damit wurde gleichzeitig eine Siedlung für die Handwerker und das Klostergesinde angelegt. Sehr schnell entwickelte sich hieraus ein Dorf. Erzbischof Rüdiger von Magdeburg (Amtszeit 1119–1124) übereignete bereits am 5. Juni 1121 die »Villa nova« (das neue Dorf) dem Kloster. Erst später wurde der Ort zu einem Flecken mit eigener Marktgerechtigkeit erhoben, worauf der Name »Neumarkt« deutet. Vom schnellen Wachstum der Ansiedlung zeugt vor allem, dass schon vor der Mitte des 12. Jahrhunderts der Grundstein für eine Kirche gelegt wurde. Vermutlich wurde sie während der Amtszeit Erzbischofs Konrad I.

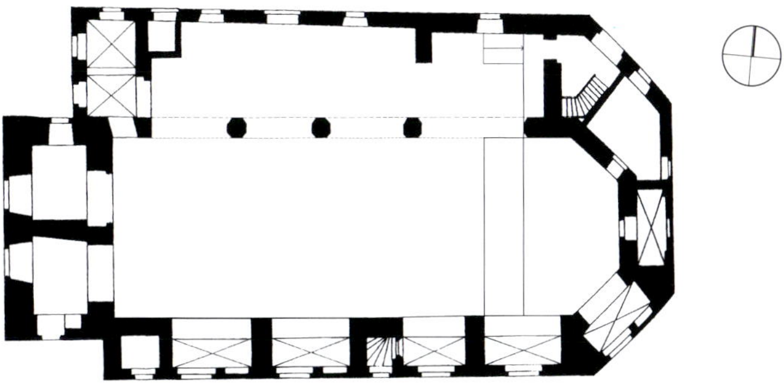

von Magdeburg (1138–1142) geweiht, trugen doch die Reliquienkästchen im Altar sein Siegel. Geweiht wurde sie dem Hl. Laurentius, der Erzdiakon unter Papst Sixtus II. war und am 10. August 1258 in Rom als Märtyrer starb. Als Blutzeuge und Beistand der Armen stellte Laurentius eine Leitfigur der mittelalterlichen Frömmigkeit dar. Die Pfarrkirche St. Laurentius wurde samt der ganzen Parochie 1241 dem Kloster Neuwerk inkorporiert. Bis zur Reformation (1547) feierten Augustinermönche in der Kirche die Heilige Messe. In Folge der schrittweisen Auflösung des Klosters Neuwerk von 1528 bis 1531 durch Kardinal Albrecht von Brandenburg (1490–1545) wurde der Marktflecken Neumarkt 1530 zur Amtsstadt des erzbischöflichen Amtes Giebichenstein erhoben, was bis zur Eingemeindung nach Halle im Jahr 1817 bestehen blieb.

Von der mitten in einem Friedhof gelegenen, ursprünglich romanischen Kirche ist allein der Westquerturm mit Satteldach erhalten geblieben. Im oberen schmaleren Turmteil sind die typischen romanischen Schallöffnungen in Form einer Doppelarkade zu finden, deren Säule mit einem Blattkapitell geschmückt ist. Im Jahr 1570 wurde die Kirche nach Osten verlängert und mit einem dreiseitigen Chorabschluss versehen. Gleichzeitig überwölbte man das Innere mit einer hölzernen Tonne. Diese war, wie bei einer Restaurierung im Jahr 1962/63 festgestellt wurde, mit einem spätgotischen Schlingrippengewölbe (Ziergewölbe) ausgemalt.

Eine weitgehende Umgestaltung der Kirche, die noch heute ihr äußeres Erscheinungsbild prägt, erfolgte 1690. An der Südseite wurde sie um Seitenkapellen erweitert sowie die Nordwand durch eine Pfeilerreihe ersetzt und ein Seitenschiff angebaut, das 1751 um eine Empore erhöht wurde. Besonders prägnant ist die elegante Gliederung

Kirchenraum mit Blick zum Altar (Kreuz gefertigt aus verkohlten Balken, die an den Kirchenbrand von 1984 erinnern sollen)

der Außenwände durch ovale Rundfenster. Im 19. Jahrhundert erfolgten weitere Renovierungen und Umbauten der Kirche, die zum Teil erforderlich waren, um mehr Raum zu gewinnen. Mit der Expansion der Stadt auf Grund des wirtschaftlichen Wachstums seit der Mitte des 19. Jahrhunderts wuchs auch die Gemeinde stark an. Im Jahr 1854 zählte sie 3.300 Glieder, 1882 waren es bereits 13.000. Damit wurde es notwendig, eine weiteres Gotteshaus, die St. Stephanus Kirche, zu bauen und einen Teil der Gemeinde auszupfarren. Nur 74 Jahre nach der Weihe der St. Stephanus Kirche, wurde diese 1967 profaniert und ihre Gemeinde wieder Teil der Laurentiusgemeinde. Beim Betreten der Laurentiuskirche wird man vom weiträumigen Innenraum, der zweischiffigen Halle überrascht. Der Raum wird von einer schlichten hölzernen Tonne überwölbt und die Wände sind glatt verputzt und hell gestrichen, an der Südseite sind steinerne barocke Grabplatten eingelassen. Diese Grabplatten fand man bei der Restaurierung im Jahr 1962/63 unter dem Kirchenfußboden.

In dem um zwei Stufen erhöhten Chorraum ist ein Kreuz, das aus verbrannten Holzbalken gefertigt wurde, angebracht. Es erinnert daran, dass die Kirche am 16. November 1984 durch Brandstiftung bis auf die Außenmauern niederbrannte und die gesamte Innenausstattung zerstört wurde. Selbst die beiden Bronzeglocken von 1467 und 1602 wurden dabei beschädigt. Sie stehen heute hinter der Kirche. Durch das Engagement der Gemeinde konnte das Gotteshaus wieder aufgebaut werden.

Am 5. Oktober 1991 wurde der erste Gottesdienst wieder in der Kirche gefeiert. Von der alten Ausstattung konnte allein die Sandsteintaufe von 1478 restauriert werden. An der Außenwand ist der Namensheilige der Kirche, der Hl. Laurentius, dargestellt. In der rechten Hand hält er sein Marterinstrument, den Rost, und in der Linken die Siegespalme. Die neue Orgel von Reinhard Hüfken (geb. 1951) aus Halberstadt mit einem wirkungsvollen asymmetrischen Gehäuse wurde am 2. Mai 1994 mit einem musikalischen Gottesdienst eingeweiht. Unter Mitwirkung des Landesbischofs Axel Noack konnten am Ostermontag 2002 drei neue, in der Kunstgießerei Lauchhammer gegossene Glocken feierlich in den gottesdienstlichen Gebrauch genommen werden. Gestaltet wurden sie nach Entwürfen von Jörg-Tilmann Hintz aus Domnitz.

Der Friedhof, der die Laurentiuskirche umgibt und auf dem noch immer bestattet wird, ist neben dem Stadtgottesacker eines der wichtigsten Kulturdenkmäler der Landes- und Stadtgeschichte in Halle. An den Außenwänden der Kirche sind zahlreiche zum Teil figürliche Epitaphe aus der Mitte des 16. Jahrhunderts angebracht. Auf dem Friedhof finden sich Grabmäler vieler in Halle bekannter Universitätsgelehrter, vor allem Theologen, und Künstler.

In Halle bekannt ist die Laurentiusgemeinde auch wegen ihrer musikalisch reich ausgestatteten Gottesdienste. Im Jahr 1930 begründete der Kantor Richard Doell die bist heute gewachsene Kantoreitradition, wobei die verschiedene Musikgruppen vor allem die Gottesdienste musikalisch und liturgisch bereichern. Besonders bemerkenswert ist das in den letzten Jahren wieder verstärkte Scholasingen. So werden die Kinder durch Psalmengesänge und gesungene Liturgie in Scholagewändern an traditionelle Gottesdienstformen herangeführt.

Bauzeit: 1484–1503 *Standort: Friedemann-Bach-Platz 5*
Universitätskirche, Konfession: Selbständige Ev.-Luth. Kirche

Kapelle St. Maria Magdalena der Moritzburg

Im Jahr 1503 verlegte Erzbischof Ernst von Magdeburg (1476–1513) seine Residenz von der Burg Giebichenstein in die neu errichtete Moritzburg nach Halle. Die mächtige Festung im Nordwesten der Altstadt war ein weithin sichtbares Machtzeichen des seit 1479 regierenden neuen Stadtherrn. Noch heute ist die Burg eines der Wahrzeichen der Stadt an der Saale.

Als Teil der spätmittelalterlichen Anlage errichtete man eine der Hl. Maria Magdalena geweihte Kirche. Eine erste Weihe des Sakralbaus fand um das Jahr 1509 statt. Der Nachfolger Erzbischof Ernsts, Kardinal Albrecht von Brandenburg (1490–1545), weihte die Kapelle 1514 erneut und erhob sie zur Stiftskirche. Er machte sie für einige Jahre sogar zum Aufbewahrungsort seines kostbaren Reliquienschatzes, des so genannten »Halleschen Heiltums«.

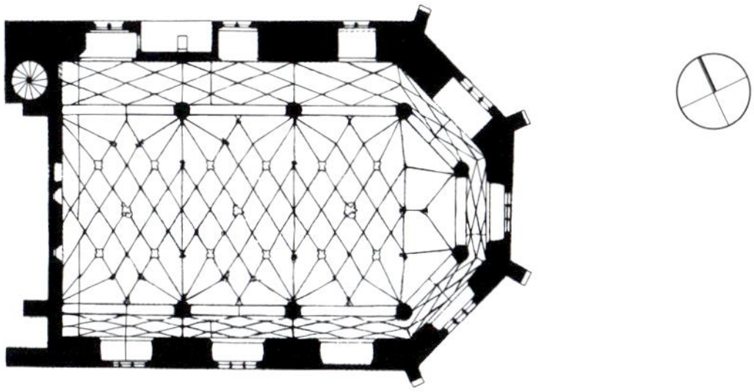

In ihrer Anfangszeit sah die Magdalenenkapelle die prächtigen Gottesdienste des erzbischöflichen Hofes. Der bischöfliche Herrscher saß dabei wahrscheinlich auf der vorspringenden Empore in der Nordwestecke des Kirchenschiffs, und genau darunter, und somit in unmittelbarer Nähe, befand sich wohl ein Teil des kostbaren Reliquienschatzes. Dieser wurde jedoch wenige Jahre später in das 1520 von Kardinal Albrecht gegründete »Neue Stift« überführt, dessen Kirche der Dom war. Als Kardinal Albrecht im Jahr 1541 Halle verließ, nahm er auch den Reliquienschatz mit, von dem heute fast nichts mehr erhalten ist.

Schweren Schaden nahm die Residenzkirche beim großen Burgbrand 1637. Der zerstörte Dachstuhl und das eingestürzte Mittelschiffgewölbe ließen den Bau innerhalb kürzester Zeit zur Ruine werden. 1650 erfolgte eine notdürftige Instandsetzung mit einer Flachdecke und einem Satteldach. 1690 fand die französisch-reformierte Gemeinde der eingewanderten Hugenotten dort eine Heimstatt. Diese nutzten die Kapelle bis zum Jahr 1809, als sich die französisch-reformierte und die deutsch-reformierte Gemeinde zu einer Schloss- und Domgemeinde zusammenschlossen. In der Folgezeit diente die Kapelle als Materiallager. In der romantischen Epoche des frühen 19. Jahrhunderts regte die Ruine der Moritzburg den Gedanken eines Wiederaufbaus an. Die umfangreichen Pläne Karl Friedrich Schinkels (1781–1841) aus dem Jahr 1828 wurden jedoch nicht verwirklicht. Eine umfassende Restaurierung wurde schließlich durch die 200-Jahrfeier der Universität 1894 veranlasst, als die Kapelle zur Universitätskirche umgewandelt wurde (1899).

Die Kapelle fügt sich von außen unauffällig in die Mauern der Moritzburg ein, öffnet sich aber zur Hofseite mit einer Schaufront, die durch den Anbau eines Lazaretts im Jahr 1777 jedoch zur Hälfte verdeckt ist. Hauptzugang ist das Portal im westlichen Joch der Langseite.

links: Blick zum Altar
rechts: Magdalenenfenster

Das durch einen Mittelpfosten unterteilte Spitzbogenportal ist reich profiliert, wurde mehrfach stark beschädigt und zeigt nicht mehr das anfängliche Erscheinungsbild. Ein weiteres Portal befindet sich auf halber Höhe an der Westseite der Kirche. Ursprünglich führte es vom Wohntrakt des Bischofs direkt zur Empore, wurde aber später vermauert und ist daher von innen nicht mehr zu sehen.

Die spätgotische Hallenkirche besteht aus einem breit gelagerten kurzen Rechteckraum mit dreiseitigem Ostabschluss und umlaufenden Emporen. Wandpfeiler mit vorgesetzten Säulen gliedern das Langhaus in drei schmale Joche. Die Dreiviertelsäulen der unteren Zone verwandeln sich oberhalb der Emporen in Vollsäulen und fächern sich schließlich in ein Maschennetzgewölbe auf. Auch die auf Segmenttonnen ruhenden Emporenabschnitte werden von schmalen Gewölben überfangen, die im Gegensatz zum Mittelschiffsgewölbe 1637 nicht zerstört wurden. Das in den 1890er Jahren eingezogene neue Mittelschiffgewölbe wurde anhand noch vorhandener Überreste und aufgefundener Fragmente rekonstruiert und entspricht daher recht genau seinem mittelalterlichen Vorbild. Unklar sind hingegen die direkten Vorbilder der Kapelle, die nichts oder nur wenig mit den gleichzeitig in Mitteldeutschland gebauten Hallenkirchen zu tun hat. Die nahe liegende Schlosskirche in Wittenberg kommt aufgrund mangelnder Übereinstimmungen ebenfalls nicht in Frage, dagegen ähnelt das Gewölbe stark dem der nur wenige Jahre zuvor errichteten Stiftskirche in Stuttgart.

Zwei in den Quellen erwähnte hölzerne Emporen sind ebenso wie die gesamte mittelalterliche Ausstattung nicht erhalten. Sie fielen wahrscheinlich dem Brand von 1637 zum Opfer. Eine Ausnahme bildet der Inschriftenstein an der Westwand gegenüber dem Altar mit der Jahreszahl 1509. Er zeigt das Kirchenwappen mit den Salbgefäßen der Patronin Maria Magdalena sowie die Salzkörbe der Halloren – das Geld für den Bau der Kirche stammte zum größten Teil aus den Einnahmen der Salzsieder. Eine weitere prächtige Weihetafel befindet sich an der Nordwand. Meister Peter Schro aus Mainz verewigte hier anlässlich der zweiten Weihe 1514 das Wappen Erzbischof Albrechts. Die vier Schießöffnungen an der Nordseite weisen auf die Rolle der Kapelle als Teil der Verteidigungsmauer hin. Zwei von Hans Baldung Grien (1484/85–1545) gemalte Flügelaltäre, die einst höchstwahrscheinlich den Innenraum schmückten, können heute im Germanischen Nationalmuseum in Nürnberg (Sebastianaltar) und in der Gemäldegalerie zu Berlin (Dreikönigsaltar) betrachtet werden.

Im Zuge der umfangreichen Restaurierung von 1894 bis 1899 erhielten die Fenster eine farbige Verglasung und das Kircheninnere eine neue Ausstattung mit Fresken, Kanzelaltar, Gestühl und Orgel. Die dreibahnigen Maßwerkfenster zeigen Kreuzabnahme, Grablegung sowie die Begegnung zwischen dem auferstandenen Christus und Maria Magdalena, während die Fresken links und rechts des Kanzelaltars die Kirchenpatronin kniend am Kreuz (links) sowie zusammen mit den anderen Frauen am leeren Grab darstellen (rechts).

Als im Jahr 1898/99 die Kapelle zur Universitätskirche ausgebaut wurde, erhielt sie eine Orgel aus der Werkstatt von Wilhelm Rühlmann sen. (1842–1922) aus Zörbig. Seit 1990 ertönt in dem Gehäuse der Vorgängerorgel ein Orgelwerk der Firma Gerhard Kühn aus Merseburg mit 16 klingenden Registern auf zwei Manualen und Pedal mit mechanischer Spieltraktur.

Heute dient die Kapelle neben der Universitätskirchengemeinde vor allem der Selbständigen Evangelisch-Lutherischen Kirche (SELK) als Heimstätte. Ihre historischen Wurzeln liegen in der lutherischen Bekenntnisbildung des 16. Jahrhunderts und der Abgrenzung zur Union zwischen der lutherischen und der reformierten Kirche im 19. Jahrhundert. 1834 entstand die altlutherische hallesche Gemeinde, die 1990 zur bereits im Jahr 1972 in Westdeutschland vereinigten Selbständigen Evangelisch-Lutherischen Kirche kam.

Bauzeit: 1740–1744

Standort: Glauchaer Straße 9

Kirche d. Evangeliumsgemeinde Christliche Freikirche e. V.

St. Georgen

Glaucha, (urspr. Glouch, »dem Wasser entstiegenes Sumpfland«) wurde vermutlich im 7. Jahrhundert von slawischen Stämmen gegründet und 1817 nach Halle eingemeindet (1851 in die Stadtephorie). Die Gerbersaale, ein Nebenarm der Saale, floss direkt hinter dem Kirchengrundstück und am heutigen Glauchaer Platz vorbei bis zum Hallmarkt. Eine Vielzahl von Teichen und Quellen existierte noch bis ins 18. Jahrhundert im Ort. Aus dem Jahr 1121 stammt der erste urkundliche Beleg für eine Kirche. 1231 wurde die Pfarrkirche von Glaucha zugleich Klosterkirche des Zisterzienserinnenklosters Marienkammer und unterstand dem Mutterkloster in Zinna. Da Maria die Schutzpatronin der Zisterzienserkirchen ist, lautete der vollständige Name »St. Maria und St. Georg«. Von 1510 bis 1520 hatte Thomas Müntzer (1489–1525) an St. Georgen seine Wirkungsstätte als Kaplan. Die geistliche Bindung an das Kloster Marienkammer verhinderte lange Zeit die Einführung des evangelischen Gottesdienstes. Erst 1547 wurde von Justus Jonas (1493–1555) der erste evangelische Gottesdienst gehalten und zehn Jahre später, nachdem das Kloster ein Jahr zuvor aufgelöst worden war, der erste evangelische Pfarrer ein-

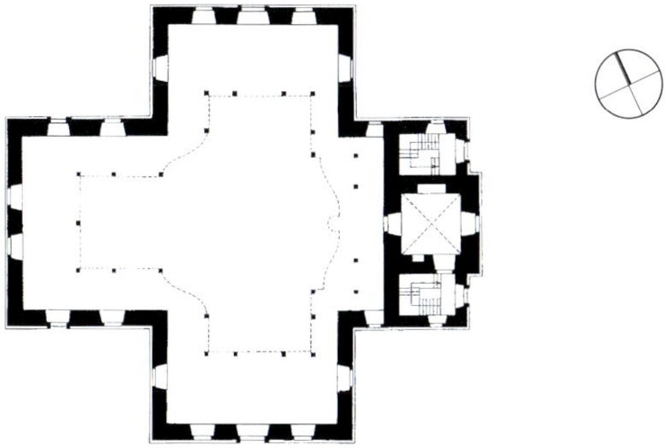

gesetzt. Mit dem Verlust des Grundbesitzes des Klosters (an Halle) und dem Ende der Pilgerströme fehlte Glaucha die wirtschaftliche Grundlage. Um die Lage zu verbessern, wurde es zur Freihandelszone erklärt. Starke wirtschaftliche Einschnitte brachten weiterhin 1618 der Dreißigjährige Krieg und 1682 eine Pestepidemie, in der 800 von 1.200 Einwohnern starben. Glaucha mit seiner langen Tradition im Schankwesen avancierte nun zur »Sündenmeile« Halles.

1692 kam August Hermann Francke (1663–1727) nach Glaucha und fand eine in allen Belangen »verkommene« Gemeinde vor. Francke macht es sich zu seiner vorrangigen Aufgabe, mit stetigen Gottesdiensten, Unterweisungen und abendlichen Gebetsstunden das Gemeindeleben zu ordnen. Auf seine Initiative hin kam es zu einem Orgelneubau. Besonders nahm er sich des herrschenden Bildungsmangels an, bestand auf regelmäßigem Schulbesuch und bezahlte die Schulkosten für Kinder aus armen Familien. In seinem Wohnhaus gründete er eine Armenschule und ein Waisenhaus und schließlich 1698 die Franckeschen Stiftungen, die als damals fortschrittlichste Bildungseinrichtung Europas weit über die Landesgrenzen hinaus bekannt wurde. Francke wechselte 1715 an das Pfarramt von St. Ulrich in Halle und hinterließ eine gefestigte Gemeinde. Die ehemals arme Amtsstadt Glaucha war innerhalb weniger Jahrzehnte zu einem weltoffenen Zentrum des Pietismus geworden. Zahlreiche Unterstützer dieser Bewegung, aber auch Professoren der neu gegründeten Universität und Studenten zogen nach Glaucha.

Am 6. Januar 1740 verursachte eine nach dem Frühgottesdienst vergessene Kohlepfanne einen Brand, der die kleine romanische turmlose Kirche bis auf die Grundmauern zerstörte. Viele Spenden ermög-

Innenraum mit wiederaufgebautem Kanzelaltar und Empore unter Verwendung der noch erhaltenen Reststücke aus dem 18. Jahrhundert

lichten den Bau der ursprünglich verputzten und farbig gefassten, heute allerdings steinsichtigen Kirche. Der über dem Grundriss eines griechischen Kreuzes errichtete Neubau von Johann Gottlob Angermann (1698–1766) folgte den Idealvorstellungen des frühen 18. Jahrhunderts zum protestantischen Kirchenbau. Erst 1755 wurde der an der Ostseite der Kirche stehende (40 Meter hohe) Turm mit welscher Haube und Laterne und zwei Glocken (August Friedrich Becker/Halle) fertig gestellt. Der halleschen Altstadt zugewandt bildet er eine wirkungsvolle Ansicht. Als eine der größten halleschen Kirchen bot der imposante Innenraum, mit einem Kirchenschiff von 14 Metern Höhe, Platz für 3.000 Besucher. Das Zentrum des lichtdurchfluteten Raumes bildete im nördlichen Kreuzarm der architektonisch mit Vollsäulen und gesprengtem Giebel aufgebaute Kanzelaltar. Darüber befanden sich der Prospekt der vom halleschen Orgelbauer Cunzius 1751 erbauten Orgel und allseitig umlaufende, doppelgeschossige Emporen. Die Kosten für die obere Empore übernahmen die Franckeschen Stiftungen, um den Waisenkindern einen regelmäßigen Gottesdienstbesuch zu ermöglichen. Die heute von innen freiliegende Decke ermöglicht einen Blick auf die einmalige barocke Dachkonstruktion als räumliches Tragwerk mit großer Spannweite.

Ein uhrmacherisches Meisterwerk stellt die noch heute funktionstüchtige, von einem Gemeindeglied gespendete Einzeigerturmuhr von 1798 (J. W. Gassinger) dar. 1813 diente die Kirche nach der Völkerschlacht bei Leipzig vorübergehend als Lazarett. Anlässlich der Befreiung von den napoleonischen Truppen stifteten die »Jungfrauen der Gemeinde« ein wertvolles Altarkreuz, und die ursprünglich holzsichtige Ausstattung bekam eine farbige Fassung. 1925 erhielt die Kirche eine neue Rühlmann-Orgel (heute zerstört, Teile sind in die Gemeindehausorgel eingefügt). 1927 werden die Einbauten im Rahmen einer größeren Renovierung farbig gefasst, was auf historischen Fotos noch sichtbar ist. Während des Zweiten Weltkrieges erleidet die Kirche mehrere schwere Schäden an Dach, Turm, Fenstern, Türen und Mauerwerk. Die Gruft wurde verschüttet, der Friedhof, die Grabstätte vieler bedeutender Persönlichkeiten der Gemeinde, und die Küsterei wurden zerstört. Am 24. 3. 1963 wurde die Francke-Gedächtnis-Glocke (Bronze, D. Schilling/Apolda), gestiftet von ehemaligen Schülern der Franckeschen Stiftungen, geweiht. Heute beherbergt der Turm vier Glocken.

Da eine nachhaltige Sicherung der Bausubstanz mit den damaligen Mitteln nicht möglich war, wurde die Kirche 1964 baupolizeilich gesperrt und Sanierungspläne unterbunden. Am 10. Januar 1985 fiel die gesamte Innenausstattung einem Brand aus ungeklärter Ursache zum Opfer. Dank couragierter Bürger konnte die für eine geplante Begradigung der Glauchaer Straße verfügte Sprengung der Kirche durch Abnahme der Dachsteine verhindert werden. Den freiwilligen Helfern der Baugruppe St. Georgen, die den gesellschaftlichen Widerständen trotzten, ist der Erhalt der Kirche zu verdanken. 1994, zum 250. Jubiläum, feierte die Gemeinde erstmals seit 1964 das Pfingstfest in der Kirche. Bis 1995 erfolgte die Sanierung des Mauerwerks und der Dachkonstruktion mit Kupfereindeckung. Im Jahr 2000 wurde die Fusion der Markt- und Georgengemeinde beschlossen. Die Evangeliumsgemeinde, Teil der charismatischen Gemeindeerneuerungsbewegung, ist seit 2001 Pächterin des Grundstückes und bemüht sich, die vorhandene Bausubstanz zu erhalten. Die Georgenkirche, Pfarrkirche von Glaucha und Traditionskirche der Franckeschen Stiftungen, ist eine der stilreinsten Kreuzkirchen Deutschlands und ein bedeutendes Denkmal des Pietismus.

Bauzeit: 1882–1883

Standort: Magdeburger Straße 20

profaniert

Krankenhauskirche der Universitätskliniken

Das alte Universitätsklinikum befindet sich östlich der Altstadt und wurde Mitte der siebziger Jahre des 19. Jahrhunderts errichtet. Es vereinigte damals sämtliche medizinischen Lehranstalten an einem Standort und gehörte zu den ersten seiner Art in Deutschland. Da sich in den Klinikgebäuden kein geeigneter Raum für eine Kapelle fand, schuf 1882/83 der zum Universitätsarchitekten berufene Ludwig Alexander Erdmann von Tiedemann (1841–1908) eine kleine Krankenhauskirche. Sie liegt auf die Mittelachse zwischen Chirurgie und ehemaligem Isolierhaus auf der Höhe der Erweiterungspavillons der Chirurgischen und Medizinischen Klinik. Der quadratische Zentralbau (10 x 10 Meter) aus gelbem Backstein mit rheinischem Rautenhelm verfügt über eine Vorhalle im Osten und einen ihr entsprechenden trapezförmigen Chorabschluss mit Sakristei im Westen. Um dem Bau einen sakralen Charakter zu geben, wurde er – im Kontrast zu den Funktionsbauten im Stil der Neorenaissance – im neogotischen Stil errichtet. Von der ursprünglichen Ausstattung des schlichten Innenraums mit Holzkassettendecke ist nichts mehr erhalten, da die Kirche jahrzehntelang als Lagerraum genutzt wurde.

Bauzeit: 1891–1893

Standort: Karl-Liebknecht-Straße

profaniert, Büchermagazin

St. Stephanus

Mit dem starken Wachstum der Stadt nach 1870 wuchs die Gemeinde der Laurentiuskirche so stark an, dass im Oktober 1882 der Bau einer zweiten Kirche beschlossen wurde. Aber erst am 28. Juni 1891 konnte der Grundstein gelegt werden. Bis zur Weihe am 7. 12. 1893 errichtete der königliche Baurat Otto Kilburger (1830–1913), der zuvor die Nietlebener Kirche entworfen hatte, unter Mitwirkung des Architekten Hernsdorf die kurze kreuzförmige gelbe Backsteinhalle (35 Meter lang) mit westlichem Turm (61 Meter hoch) in neogotischen Formen. Im Inneren stellen die raumumgreifenden Emporen auf grauen Granitpfeilern den Versuch dar, einen Zentralraum nach evangelischem Verständnis zu schaffen. Mit der Profanierung der Kirche 1967 und Nutzung als Büchermagazin der Universität wurde die Ausstattung an die Laurentiuskirche (Abendmahlsgerät), das Wörmlitzer Gemeindezentrum (Kruzifix), die Pauluskirche (Orgel), und die St. Wenzel Kirche in Radewell (4 Glocken, gegossen von Gustav Collier) abgegeben. Die ursprünglichen Fenster sind nur noch teilweise erhalten. Ein verheerender Brand im Turm zerstörte im Jahr 2000 die Turmspitze, die 2001 wiederhergestellt wurde.

Bauzeit: 1892–1893

Standort: An der Johanneskirche 1

Konfession: evangelisch

St. Johannes

Im Zuge der Industrialisierung am Ende des 19. Jahrhunderts wuchs die Bevölkerung Halles innerhalb von zwanzig Jahren auf das Doppelte (1890 waren es ca. 100.000 Einwohner). Da die bestehenden Kirchen für die gestiegene Anzahl von Kirchgängern nicht mehr ausreichte, gründet sich 1883 der Ev. Kirchenbauverein, der den Bau der Stephanuskirche, der Kirche der Diakonieanstalt und der Johanneskirche finanzierte. Die Johanneskirche befindet sich südlich des Halleschen Marktes am Südrand der ersten großen, planmäßigen gründerzeitlichen Stadterweiterung Halles, der heutigen ›südlichen Innenstadt‹. Sie ist Namensgeber für das Stadtviertel mit Johannesplatz und Johannesschule. Auf dem damals noch freiem Feld wurde am 1892 der Grundstein für die schon ein Jahr später fertig gestellte und am 10. November 1893 geweihte Kirche gelegt. Erst 1910 entstand das 1930 abgeschlossene und vom Architekten Hermann Frede entworfene Gebäudeensemble um die Johanneskirche in christlicher Symbolik: »Erdkugel mit auf ihr stehendem Kreuz, welche sich in Gestalt und Dichte von der gründerzeitlichen Bebauung absetzt«.

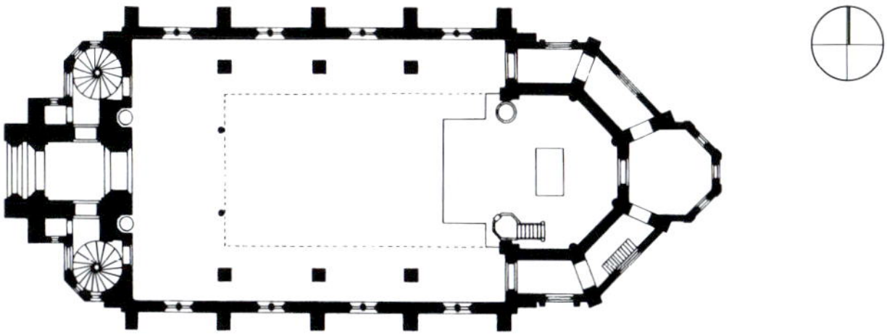

Der Bebauung östlich der Kirche, deren Form einem Kreuz gleicht, folgt die Anlage um den westlich gelegenen ovalen Johannesplatz und schließlich die als Dreieck gruppierten Häuser am Balkeweg. Das Stadtbild gleicht einer Erdkugel mit auf ihr stehendem Kreuz, in dessen Fußpunkt, als Vermittler zur Erde, die Kirche angeordnet ist. 1884 wird die Gemeinde als eigenständige Kirchgemeinde nach Trennung von der Muttergemeinde St. Ulrich gegründet und hat 1896 mehr als 10.000 Mitglieder. Am Heiligen Abend des Jahres 1977 fand der vorerst letzte Gottesdienst statt, da der Kirchgemeinde die Mittel für umfangreiche Reparaturen nicht zur Verfügung standen. Sie wurde als Materiallager genutzt, und erst 1991 begann mit der Restaurierung des Kirchturmes, der Uhr und des Glockengeläuts die Wiederinstandsetzung der Kirche. Nach der Dachsanierung konnte sie 1993 zum 100-jährigen Weihejubiläum wieder geöffnet werden. Die dreischiffige Hallenkirche (42,50 Meter lang und 16,30 Meter breit) mit fünfseitigem Chorschluss und Chorumlauf, in dessen Scheitel sich die oktogonale Sakristei befindet, und einem Westturm im neogotischen Stil mit romanisierenden Elementen entwarf der Hallesche Architekt Friedrich Fahro (1857–1930). Zu seinen Werken gehört auch die Anstaltskirche der Diakonie (1893). Schlanke hohe Fenster, Biforien mit Achtpass-Rundfenstern, Gesimse und Pfeiler sowie Läuferschichten aus dunkelrot glasiertem Ziegel gliedern die Fassade des roten Ziegelbaus. Ein umlaufender Blumen- und Dreipassfries betont den Traufbereich. Der 61 Meter hohe Turm mit oktogonaler Turmhaube bildet einen Blickpunkt für Johannesplatz, Joseph-Haydn-Straße und Südstraße. Der Glockenturm, eine Stahlkonstruktion, trägt zwei Glocken von 1922 (Schilling und Lattermann/Apolda) und eine

Blick durch das Kirchenschiff, im Chor die zerstörten Fenster

originale Bronzeglocke. Zu beiden Seiten des Turms sind oktogonale Treppentürmchen angeordnet. Über dem zweiflügligen Portal erhebt sich ein Rundbogen mit aufgesetztem Spitzgiebel, Kreuz und zwei Mosaiken. Das Bogenmosaik zeigt ein Kreuz auf Goldgrund, gerahmt von Blumenranken, das Giebelmosaik den Evangelisten Johannes als Namensgeber der Kirche. Der hallenartige Innenraum wird von einem Kreuzrippengewölbe mit Rosettenschlusssteinen überspannt, das durch Quergurte aus rotem Klinker und Formsteinen gliedert ist. Die dreiseitig umlaufende Empore ruht auf wandnah gestellten Pfeilern, die einen dreischiffigen Kirchenraum suggerieren. Die Orgel (26 Register, 2 Manuale und Pedal, pneumatisch) lieferte 1893 die Werkstatt Rühlmann aus Zörbig. Die Orgel ist schwer beschädigt und unspielbar, das neogotische, geschnitzte Orgelprospekt ist aber gut erhalten. Des weiteren sind von der neogotischen Ausstattung das Altarretabel auf dem Sandsteinaltar und die Kanzel mit Schalldeckel und Treppe (Schönbrodt/Halle) überliefert. In den 1950er Jahren wurde die ehemals reiche Ausmalung mit Prophetendarstellungen und floralen Ornamenten weiß übertüncht. Die 13 farbigen bleiverglasten Fenster von höchster Qualität und Feinheit stammen aus der Kunstanstalt für Glasmalerei Freystadtl Hannover. Die drei zentralen Chorfenster mit der Darstellung der Ausgießung des Heiligen Geistes in der Mitte, den vier Evangelisten Matthäus, Markus, Lukas, Johannes links und rechts mit ihren Attributen: Mensch/Engel, Löwe, Stier, Adler und der Maiestas Domini im mittleren Okulus bilden mit Darstellungen der Propheten Jesaja, Jeremia, Hesekiel und Daniel ein biblisches Programm. Gerahmt werden die figürlichen Darstellungen von zwei Fenstern mit ornamentalem Muster. Die darüber liegenden runden Fenster zieren stilisierte Wein- und Eichenlaubdarstellungen. Die Fenster im Kirchenschiff sind in schlichter Rauten-Bleiverglasung gestaltet. Zwei paarige Bildfenster im expressionistischen Stil unter den Emporen sind den Opfern des Ersten Weltkrieges gewidmet. Sie sind jedoch zur Zeit von außen vermauert.

Nach der Sicherung der Kirchfenster konnten in zwei Bauabschnitten (2001 und 2003–2004) größere Instandsetzungsarbeiten durchgeführt werden. Dank unermüdlicher Helfer, Spenden und Zuwendungen wurde die Kirche mit beachtlicher städtebaulicher Wirkung als sozialer und kultureller Mittelpunkt des Gemeindelebens und Wohngebietes vor dem weiteren Verfall gerettet. Weitere Baumaßnahmen sind nötig, um die Kirche in Zukunft ganzjährig zusammen mit den Gemeindehäusern als Gemeindezentrum in ihrer ursprünglichen Konzeption nutzen zu können.

Baujahr: 1893

Standort: Mühlweg 5–7

Konfession: evangelisch

Kirche im Diakoniewerk Halle

Mit dem Bau des Diakonissenkrankenhauses wurde 1867/68 Halles erstes modernes Großkrankenhaus in privater Trägerschaft von dem Architekten Friedrich Wilhelm Kreye und nach dem Vorbild der Kaiserswerther Diakonissenanstalt errichtet. Die rückwärtig im Park gelegene Kirche entwarf der hallesche Architekt Friedrich Fahro (1857–1930). Nach der Grundsteinlegung am 4. Mai 1892 konnte schon am 23. April 1893 die Einweihung der Kirche folgen.

Fahro errichtete einen kleinen, aber aufwändigen Zentralbau in der Form einer Dreikonchenanlage mit Vierungstürmchen, in dem sich zwei Bronzeglocken von 1929 befinden (Mitteldeutsche Stahlwerke Lauchhammer). Den 30 Meter hohen neogotischen Bau aus gelben Ziegeln gliedern horizontal eingesetzte rote Ziegelbänder. Der südliche Eingang wird von einer brückenartigen Verbindung zwischen Krankenhaus und Kirche überdacht, der von den Stationen direkt ins Kircheninnere, nämlich auf die nur an dieser Stelle zweigeschossige, umlaufende Empore führt. Die neogotische Ausstattung und der Terrazzofußboden sind vollständig erhalten geblieben. Der Altar mit dahinter aufgestellter Kanzel und Orgel bildeten vor der Nordkonche eine bauliche Einheit, welche die Raummitte als liturgisches Zentrum des Predigtgottesdienstes betonte. Fahro folgte mit dieser Anlage dem

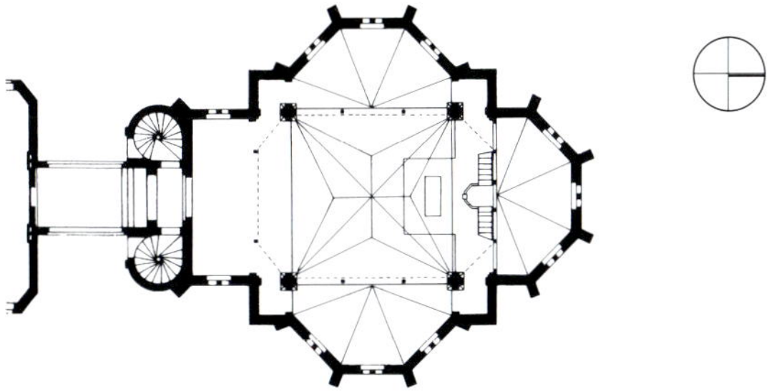

»Wiesbadener Programm« von 1891 des Architekten Johannes Otzen (1839–1911) und des Wiesbadener Pfarrers Emil Veesenmeyer, das die liturgischen Anforderungen einer evangelischen Predigtkirche in den Mittelpunkt stellte und daher anstelle des mittelalterlichen mehrschiffigen Grundrisses den Zentralbau bevorzugte.

1908 wurde eine neue Orgel mit neogotischem Prospekt von Wilhelm Rühlmann sen. (1842–1922) aus Zörbig errichtet, welche aufgrund ihrer Größe nun auf der Ostempore mit restaurierter Wandmalerei aufgestellt wurde. Die Orgel verfügt bei pneumatischer Spieltraktur über 20 Register auf zwei Manualen und Pedal. Sie ist die einzige in der Stadt Halle noch spielbare Orgel in ursprünglicher romantischer Disposition. 1993/94 wurde sie durch den Orgelbaumeister Jörg Dutschke aus Dambeck restauriert.

Vor der Sakristei unter der Nordempore steht die hölzerne Taufe in Form eines von Säulen getragenen Tischchens mit silberner Taufschale. Die ursprünglichen Fenster mit figürlicher und ornamentaler Glasmalerei von 1892 aus der Quedlinburger Werkstatt Ferdinand Müller sind alle erhalten. Über der Nordempore zeigen die beiden seitlichen Fenster eine Darstellung des barmherzigen Samariters (links) und Jesus bei Maria und Martha (rechts) mit Spruchbändern. Darüber sind in den Vierpässen Christus mit Reichsapfel als Salvator Mundi und als Schmerzensmann zu sehen. Das Chorscheitelfenster mit der Himmelfahrtsdarstellung (F. Müller) wurde nach dem Ausbau der Orgel 1909 eingesetzt. Gegenüber der Vierpassdarstellung im westlichen Mittelfenster mit eingeschriebenem Alpha befindet sich das Omega im östlichen Vierpass. Florale Grisaillemalereien füllen die kleinen Rechteckfenster mit getrepptem Abschluss unter den Emporen. Unterhalb der Nordkonche befindet sich die kleine, vom Park zugängliche Trauerhalle, deren Eichentür in der Ausführung dem Kircheingang entspricht und von zwei großen Rundbogenfenstern mit Blumenranken und Symbolen der ablaufenden Zeit, eine Sanduhr im Osten und eine brennende Fackel im Westen, flankiert wird.

Bauzeit: 1893–1896

Standort: Mauerstraße 11

Konfession: katholisch

Propsteikirche St. Franziskus und St. Elisabeth

Im Jahr 1564 verließen infolge der Reformation die letzten katholischen Priester, drei Franziskanerpater, die Stadt Halle. Die ersten Katholiken, die wieder in die Stadt zuzogen, waren Studenten der 1694 gegründeten Universität sowie Soldaten und ihre Familien des 1717 nach Halle verlegten Regiments Anhalt. Fürst Leopold I. von Anhalt-Dessau (1693–1747) erwirkte, dass ab 1723 katholische Gottesdienste öffentlich abgehalten werden durften. Per Dekret des preußischen Königs Friedrich II. (1740–1786) vom 11. Juni 1755 wurde den Katholiken in Halle der so genannte »Bildersaal« der Neuen Residenz (heute Geiseltalmuseum) als Kirche überlassen. Als Halle ab 1806, infolge der Niederlage Preußens bei der Schlacht von Jena und Auerstedt, unter französischer Herrschaft stand, wurde die katholische Gemeinde in Halle am 1. Januar 1808 zur Pfarrei erhoben und der evangelischen Landeskirche gleichgestellt. Vier Jahre später wurde die Kapelle in der Neuen Residenz zur Pfarrkirche St. Hieronymus erhoben. Mit dem seit der Mitte des 19. Jahrhunderts beginnenden raschen wirtschaftlichen Wachstum der Stadt siedelten sich auch Arbeitskräfte aus Polen und den katholischen Provinzen an. Zählte die

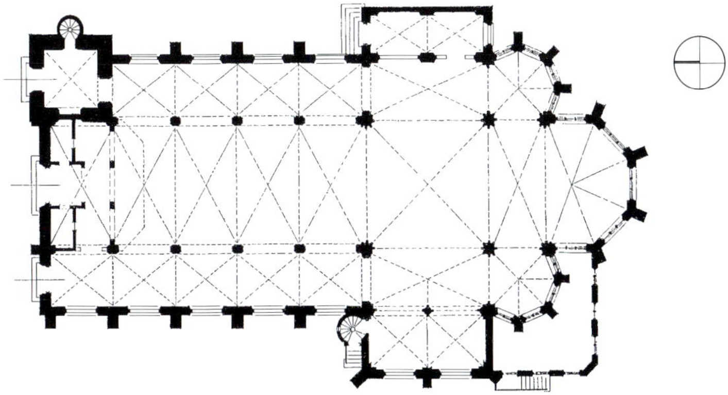

katholische Gemeinde der Stadt im Jahr 1840 nur 428 Gemeindemitglieder, waren es 1880 bereits 2.260. Damit wurde aber auch die Kapelle in der Residenz zu klein.

Nach zähem Ringen mit dem preußischen Staat konnte am 29. September 1883 ein Grundstück in der Mauergasse, zwischen der St. Georgenkirche und den Franckeschen Stiftungen erworben werden. Erste Bedenken, dass eine katholische Kirche zwischen diesen beiden Symbolstätten des halleschen Pietismus als Provokation empfunden werde, bewahrheiteten sich nicht. Der Baubeginn verzögerte sich durch den Kulturkampf zwischen dem Preußischen Staat und der Katholischen Kirche (1871–1887) abermals um zehn Jahre (Grundsteinlegung: 24.5.1894). Am 20. Mai 1896 konnte die Weihe der Kirche durch Bischof Hubertus Simar von Paderborn (1835–1902) vollzogen werden. Am 15. November 1942 wurde sie zur Propsteikirche ernannt. Da Halle kirchenrechtlich seit 1821 zum preußischen Bistum Paderborn gehörte, wurde der Paderborner Dom- und Diözesanbaumeister Arnold Güldenpfennig (1830–1908) mit dem Entwurf der Kirche und des dazugehörenden Pfarrhauses beauftragt. Der an der Königlichen Bauakademie in Berlin ausgebildete Güldenpfennig hatte im Auftrag des Bistums insgesamt rund 100 Kirchen entworfen und gebaut. Für Halle schuf er eine dreischiffige kreuzförmige Pfeilerbasilika mit Querhaus (46 Meter lang, Mittelschiff 9 Meter breit und 16 Meter hoch, Vierung 27 Meter breit) und asymmetrisch angeordnetem Turm (58 Meter hoch) in neogotischen Formen. Ausgeführt wurde sie in grauen Klinkern, allein exponierte Architekturteile wie die Einfassung der Portale und Säulen wurden aus grauem Sandstein gearbeitet. Die ehemals eindrucksvolle Wirkung der Lage der Kirche und insbesondere

Blick durch das Kirchenschiff zum Altar

des Turmes an der 1847 angelegten neuen Promenade ist durch die seit 1968 unmittelbar vorbeiführende Hochstraße verloren gegangen. Da die Kirche am Ende des Zweiten Weltkrieges beschädigt wurde, musste sie in den 50er und 60er Jahren umfassend erneuert werden, wobei auch ein Teil der neugotischen Ausstattung verschwand.

Das kreuzgratgewölbte Innere der Kirche ist im Langhaus mit Blendtriforien, die Anklänge an niederrheinische Basiliken des 14. und 15. Jahrhunderts erkennen lassen, gegliedert. Räumlich stark hervorgehoben ist die Chorpartie durch die hallenartige Höherführung der schräg gestellten Apsiden. Die erste florale Ausmalung der Gewölbe erfolgte in den Jahren 1902 bis 1904 durch den Bamberger Dekorationsmaler Franz Joseph Seidlein nach dem Vorbild der Michaeliskirche in Bamberg. Neu gestaltet wurde diese 1964 durch den halleschen Kirchenmaler Fritz Leweke (1901–2001). Den Hochaltar, ein geschnitzter und polychromierter Flügelaltar, gestalteten Wiedenbrücker Künstler nach gotischen Vorbildern. Der Bildhauer Anton Mormann (1851–1940) schuf die Schnitzarbeiten, der Maler Georg

Goldkuhle vergoldete und fasste sie, und Heinrich Schweppenstedde (1865–1943) fertigte den Rahmen. In der Mitte des Altares steht der Tabernakel. Darüber befindet sich die Expositionsnische (Thronus) zur feierlichen Aussetzung des Allerheiligsten in der Monstranz. Im geschlossenen Zustand sind um die Mitte zwölf Heiligenfiguren gruppiert, auf den Flügeln in ganzer Größe, in der Predella als Halbfiguren. Bei geöffneten Flügeln sind vier Relieftafeln zu sehen, die folgende Szenen zeigen: die Hochzeit zu Kanaan, Mose ordnet die Feier des Passahmahles, den Mannaregen und das Wasser aus dem Felsen. Der Altar thematisiert den Menschen mit seinen sehr verschiedenen Anlagen, Schicksalen und Problemen.

Das ursprüngliche zum Altar gehörende Gesprenge wurde nach der Neugestaltung der Fenster abgenommen. Im östlichen Seitenchor ist ein Marienaltar aufgestellt, für den drei aus dem späten Mittelalter stammenden Heiligenfiguren verwendet wurden, und im westlichen Seitenchor findet sich ein Josefsaltar. Die ursprünglichen drei Fenster des Altarraumes wurden im Zweiten Weltkrieg schwer beschädigt und mussten neu gestaltet werden. Thematisch ähnliche Fenster fertigte die Quedlinburger Glasereiwerkstatt Ferdinand Müller nach den Entwürfen des Magdeburger Künstlers Walter Schneider in den Jahren 1949–1951. Im Mittelfeld ist Christus in der Mandorla mit den beiden Gerichtsengeln zu Füßen zu sehen. Das linke Fenster zeigt Franziskus, der auf den Herrn im Mittelfenster blickt, und über ihm Maria. Die Hl. Elisabeth, die ebenfalls zu Christus blickt, ist auf dem rechten Fenster dargestellt. Die an den Seitenwänden angebrachten 14 Stationen des Kreuzweges schuf 1965 Bernhard Lange aus Stolberg. Ebenfalls bemerkenswert ist die Pietà des halleschen Bildhauers Paul Horn (geb. 1876) von 1922 in der Turmvorhalle. Sie ist Teil eines vom Architekten Otto Glaw entworfenen Ehrenmals für die Gefallenen des Ersten Weltkrieges. Die Orgel, die sich heute über dem Haupteingang im Norden befindet, baute die Zittauer Firma A. Schuster & Söhne im Jahr 1974/75. Die mechanische Orgel umfasst 41 Register auf drei Manualen und Pedal.

Auch die Propsteikirche war gezwungen in beiden Weltkriegen ihre Glocken abzugeben. Bis auf die fis'-Glocke von 1930 (800 kg, Firma F. Otto in Hemelingen bei Bremen) wurden die Bronzeglocken mit Gewichten von 2.071 kg, 1.189 kg und 459 kg (Töne cis', c', a') 1964 in der Glockengießerei Franz Schilling & Söhne in Apolda gegossen. Die Inschriften und Bilder für die Glocken entwarf der hallesche Grafiker Fritz Stein. Geweiht wurden die Glocken am 15. März 1964 durch Propst Langoch.

Bauzeit: 1900–1903

Standort:
Rathenauplatz 22

Konfession: evangelisch

Pauluskirche

Die hoch über die Stadt aufragende Pauluskirche ist Mittelpunkt des seit um 1880 systematisch bebauten Wohngebietes im Nordosten Halles. Sie ist die dritte und letzte Gründerzeitkirche der Stadt und von besonderer architektonischer Bedeutung. Sie wurde nicht allein als Gemeindekirche gebaut, sondern auch als Denkmal des wilhelminischen Protestantismus evangelisch-lutherischer Ausprägung.

Aufgrund des starken wirtschaftlichen Wachstums der Stadt in der zweiten Hälfte des 19. Jahrhunderts hatte sich die Einwohnerzahl allein in den Jahren zwischen 1871 und 1890 fast verdoppelt. Damit entstanden rund um die Altstadt neue Wohngebiete und Gemeinden. Stadtbaurat Karl-Otto Lohausen wählte als Zentrum des von ihm geplanten »Nordostviertels«, das auf einem weit ausgreifenden Radialstraßensystem basiert, dem so genannten Hasenberg. Dieser wurde etwa um das Doppelte erhöht und obenauf ein kreisrunder Platz (ehemals Kaiserplatz; heute Rathenauplatz) angelegt, von dem acht Radialstraßen abgehen. Die Einwohner des nordöstlichen Viertels wurden zunächst von der Laurentiuskirche und der Marktkirche betreut. Am 6. Oktober 1895 wurde mit der Ordination und Einführung des

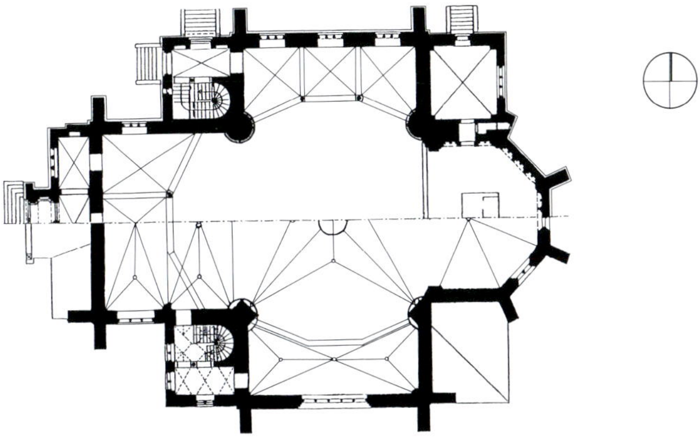

Pfarrers Armin Bach (Amtszeit 1895–1929) die Paulusgemeinde gegründet. Sie war bis zur Fertigstellung der eigenen Kirche Gast in der 1891 bis 1893 errichteten St. Stephanus Kirche.

Mit der Schenkung des Grundstückes auf dem Hasenberg durch den Bauunternehmer Friedrich Kuhnt im Jahr 1897 nahmen die Kirchenbaupläne konkrete Züge an. Aufgrund des Geldmangels verzögerte sich aber die Grundsteinlegung bis zum 22. Oktober 1900, dem Geburtstag der Kaiserin Auguste Victoria. Für den Bau des Gotteshauses konnten vor allem private Stifter gewonnen werden. Ebenso spendeten andere hallesche Kirchengemeinden sowie das Kaiserhaus, stand doch der Kirchenbau seit 1898 unter dem persönlichen Protektorat der Kaiserin Auguste Victoria (1858–1921). Der Hasenberg wurde als natürlicher Sockel der Kirche genutzt. Der Entwurf der Kirchenbauabteilung des Ministeriums des Inneren entstand unter der Leitung des Berliner Baurats Richard Schultz (1855–1923). Bei der Planung hatte aber die Gemeinde beziehungsweise der Kirchenbauverein ein aktives Mitspracherecht. Die Bauausführung unterstand dem Oberbaurat Oskar Hossfeld (1848–1915) und dem aus Lübeck stammenden Architekten Johann Matz (1849–1913). Nach knapp dreijähriger Bauzeit war ein kreuzförmiger Zentralbau (40 Meter lang, 27 Meter breit) aus rotem Backstein mit einem von vier zylindrischen Treppentürmen eingefassten Vierungsturm (60 Meter hoch) entstanden.

Über eine Freitreppe, die ehemalige Kaisertreppe, die die monumentale Wirkung der Kirche noch steigert, gelangt man zur Hauptfassade im Westen, die wie eine Dreiportalanlage mit überhöhtem Mittelportal wirkt. Die auf eine klare Massenwirkung setzende Kirchenarchitektur ist sparsam mit teils der Frühgotik und teils der märkischen Spätgotik entlehnten Formen dekoriert. Als Vorbild für

Blick zum Altar

die turmartig komprimierte Außengestalt diente die Friedhofskirche in Wuppertal-Elberfeld (1894) von Johannes Otzen. Das Gotteshaus ist ein Vertreter des beliebtesten protestantischen Kirchenbautyps für Großstadtgemeinden im letzten Drittel des 19. Jahrhunderts, denn es ermöglicht durch das Einstellen geschossartiger Emporen in den Kreuzarmen eine stakte Vermehrung der Sitzplätze (Pauluskirche 995) auf relativ kleinem Grundriss. Ein so erreichter geringer Abstand fast aller Sitzplätze zum Altarraum und vor allem zur Kanzel macht es möglich, dass alle Besucher dem Gottesdienst gut folgen und die Predigt gut hören können. Dieser Kirchenbautyp verdeutlicht die Bedeutung des gesprochenen Wortes im Protestantismus.

Im Gegensatz zum Äußeren wirkt der kuppelartig gewölbte Innenraum – Vierung mit Sterngewölbe, Orgel- und Sängerempore mit Kreuzgratgewölbe – wie eine längs ausgerichtete Hallenkirche. Das Kircheninnere wird von der weitgehend erhaltenen neogotischen Ausstattung und der seit 2003 teilweise wieder hergestellten Innenausmalung des Berliner Kunstmalers und Innenarchitekten August Oetken bestimmt. Oetken, der Hofmaler Kaiser Wilhelm II. (1859–1941) war und von 1907 bis 1926 Professor für Ornamentik und farbiges Dekor an der TH Berlin-Charlottenburg, hatte unter anderem die Mosaiken der Elisabeth-Kemenate auf der Wartburg geschaffen. Die Wände des Langhauses, der Vierung und der Apsis gestaltete Oetken mit einem feingliedrigen Ornament. Die Emporenbrüstungen versah er mit floralem Ornamentschmuck sowie Darstellungen von Glaube, Liebe und Hoffnung mit je einer Szene aus der Geschichte des Protestantismus und aus den Gleichnissen Jesu (heute überstrichen). Das Vierungsgewölbe wurde als Sternenhimmel ausgemalt und der Triumphbogen, an dessen rechter Seite sich die erhöht liegende dunkle Eichenholzkanzel befindet, durch eine reiche florale ornamentale Gestaltung besonders hervorgehoben. An den Wänden des Altarraums befanden sich zwei Monumentalgemälde des Düsseldorfer Kunstmalers Louis Feldmann. An der rechten Seite war die Kreuztragung Jesu und links über dem Eingang zur Taufkapelle eine Abendmahlsszene zu sehen (seit 1972 überstrichen). August Oetken gestaltete ebenfalls die Fenster der Pauluskirche. Im Altarraum sind die Geburt Christi, die Ostergeschehnisse und das Pfingstwunder zu sehen. Das Fenster der Westrose über der Orgel zeigt König David mit der Laute als Anspielung auf die Musik. Die übrigen Fenster des Kirchenschiffs sind mit Flechtbandmotiven geschmückt. Der Altar aus französischem Kalkstein mit gotisierenden Stabwerkverzierun-

Blick auf das von August Oetken gestaltete Orgelprospekt

gen sowie das ursprünglich hinter dem Altar aufragende Kruzifix des Bildhauers Paul Juckoff-Skopau (1874 bis vor 1926) sowie eine silberbeschlagene Altarbibel stiftete das Kaiserpaar für die Kirche. Am 6. September 1903 wurde die Pauluskirche durch den Superintendenten D. Holzheuer, in Anwesenheit von Kaiserin Auguste Victoria und vieler Vertreter des deutschen Hochadels sowie einiger hoher Militärs, eingeweiht. Das über dem Wohnviertel stehende Gotteshaus gab ihm bald den Namen »Paulusviertel«.

Das ursprüngliche Geläut fiel den beiden Weltkriegen zum Opfer. Drei neue Stahlglocken – Christus-, Paulus- und Lutherglocke – konnten am 22. Januar 1956 eingeweiht werden. An Stelle des von der Ulrichsgemeinde gestifteten neugotischen Taufsteins wurde 1954 ein reliefierter Taufstein des Weimarer Bildhauers Weber im Altarraum aufgestellt. Mit der Profanierung der Stephanuskirche 1967 erhielt die Pauluskirche deren Rühlmann-Orgel (41 Register, 3 Manuale und Pedal, elektro-pneumatisch). Das ebenfalls von August Oetken gestaltete Orgelprospekt blieb jedoch erhalten. Eine umfassende Renovierung der Kirche erfolgte im Jahr 1972, dabei wurde sie durchweg weiß gestrichen, das Altarkruzifix und der große Kronleuchter wurden entfernt. Ebenfalls nahm man die beiden vom Berliner Bildhauer Hermann Möller (1870 bis vor 1931) geschaffenen Standbilder von Paulus und Luther, die links und rechts des Orgelprospektes aufgestellt waren, aus der Kirche. 1997 begann die Grundsanierung der Pauluskirche, die durch den gleichzeitig gegründeten Bauverein »Pauluskirche Halle/Saale e. V.« organisiert wird. Es wurde das Dach erneuert, die Außenfassade teilsaniert und damit begonnen, die Fenster zu restaurieren. Zum hundertsten Geburtstag der Kirche 2003 wurde die Innenausmalung August Oetkens teilweise wiederhergestellt. Sie ist ein wichtiges Zeugnis der Wiederbelebung farbiger Gestaltung von Kirchen nach mittelalterlichen Vorbildern zu Beginn des 20. Jahrhunderts.

Die Paulusgemeinde ist nicht nur für ihren beeindruckenden Kirchenbau bekannt, sondern seit den 90er Jahren des 20. Jahrhunderts auch ein fester Bestandteil des halleschen Musiklebens geworden. Die Gemeinde hat einen großen Oratoriumschor und einen Bläser-, Jugend- und Kinderchor sowie ein im Jahr 2000 gegründetes Orchester und darüber hinaus ein Orff-Orchester. Da die Kirchenmusik in der Gemeinde eine zentrale Rolle spielt, sind die Gottesdienste musikalisch reich ausgestattet, und im Sommer finden regelmäßig Konzerte in der Kirche statt.

Bauzeit: 1925–1926

Standort: Krankenhaus St. Elisabeth und St. Barbara, Mauerstraße 5
Konfession: katholisch

Kapelle des Provinzialhauses der Grauen Schwestern von der Hl. Elisabeth

Im Zusammenhang mit der Erweiterung des St. Elisabeth Krankenhauses 1925/26 errichtete der Architekt Paul Fischer im Hof das Mutterhaus der Elisabeth-Schwestern mit Doppelturmfront. In dem von einer kleinen Gartenanlage umgebenen Gebäude befindet sich über dem Festsaal eine am 27. 09. 1929 geweihte Hauskapelle in süddeutschspätbarocken Formen. Der Innenraum mit Apsis und Orgelempore, auf der eine Orgel von 1982 (18 Register) steht, beeindruckt durch seine barockisierte Innengestaltung. Für die zarte Ausmalung war die Basilika von Vierzehnheiligen bei Bamberg maßgebend. Jeweils acht wandnahe Pfeiler tragen ein flaches Tonnengewölbe mit Schallöffnungen für das dahinter aufgebaute Pfeifenwerk. Die Stuckatur der Pfeiler wurde in Anlehnung der Pfeiler im Petersdom in Rom gestaltet. Heiligenporträts in Medaillonform schmücken das Deckengewölbe. Auf der Evangelienseite (links) stehen sich Moses als erster und Johannes der Täufer als letzter Prophet gegenüber. Es folgen die Apostel Petrus und Paulus, der Hl. Bonifatius und der Hl. Canisius. Dem Hl. Kaiserpaar Heinrich II. und seiner Gemahlin Kunigunde stehen Franziskus und Clara als Hl. Bettlerpaar gegenüber. Die Hl. Mechthild, Heilige der halleschen Umgebung, und die Hl. Hedwig, Patronin Schlesiens (viele der Schwestern kamen von dort), bilden das letzte Heiligenpaar. Vier hohe Fenster mit rundem Abschluss und einer aus Rechtecken zusammengesetzten Bleiverglasung in zurückhaltender Farbigkeit öffnen die Langseite zum Park und unterstreichen die helle und luftige Innenraumgestaltung. Bei der Renovierung 1963 wurden Teile der ursprünglichen Ausstattung wie Kanzel und Altäre sowie die Ausmalung entfernt, die Kreuzwegbilder restauriert und ein Blockaltar aus Marmor aufgestellt. Das Altarbild der Hl. Elisabeth wurde in zwei Fassungen ausgeführt. Die erste Fassung in Anlehnung an den Stil der Renaissance fand ihren neuen Platz im Festsaal, die zweite, neobarocke Ausführung ist im Treppenhaus ausgestellt. Anstelle des barocken Hauptaltars wurde eine schlichter Blockaltar aus Marmor aufgestellt. Die jetzige Ausgestaltung des Chores erfolgte 1973. In den 1990er Jahren erfolgte eine fast vollständige Wiederherstellung der barocken Ausmalung. Die Statuen der Hl. Elisabeth, ein Geschenk der Schwestern der Eisenacher Kongregation, und einer Muttergottes flankieren den Chorraum. Sie gehört wie die Pietà an der Kapellenrückwand zur ursprünglichen Ausstattung. Im März 1926 fand die Glockenweihe der beiden in den Türmchen untergebrachten Glocken statt. 1982 wurde das neue Geläut aus der Werkstatt Metz/Karlsruhe geweiht.

Bauzeit: 1926–1927

Standort: Freiimfelder Straße 89/90

Konfession: evangelisch

Christuskirche

Die in den Jahren 1926 bis 1927 erbaute Christuskirche von Georg Roediger gehört zu den wenigen expressionistischen Sakralbauten Halles. Sie wurde in einem östlich der Eisenbahnstrecke gelegenen Viertel errichtet, das ab der Mitte des 19. Jahrhunderts aufgrund des starken Zuzuges von Arbeitern in die expandierende Stadt entstand. Die Bewohner der Gegend gehörten zunächst zur Ulrichgemeinde der Altstadt. Im Jahr 1926 konnte während der Amtszeit des Pfarrers Friedrich-Wilhelm Ruhmer der Grundstein für ein eigenes Gemeindehaus in der Freiimfelder Straße 89/90 gelegt werden, das bereits ein Jahr später geweiht wurde. Als Gemeinde »St. Ulrich Ost« wurde sie dann 1938 ausgepfarrt. Zwischen den Jahren 1983 und 1990 war das Gemeindehaus ein in Halle bekannter Treffpunkt der Punkszene. Dort fanden im Rahmen der offenen Jugendarbeit Konzerte und andere Veranstaltungen statt.

Der Architekt Georg Roediger plante in den 20er Jahren für die Gemeinde einen Gebäudekomplex mit Kirche, Gemeindehaus und Pfarrhaus. Die Kirche konnte aber aufgrund des Zweiten Weltkrieges nicht gebaut werden. Aufmerksam wird man auf das Gemeindehaus dadurch, dass es aus der Fluchtlinie der Straße gesetzt ist. Nur das vorgezogene Pfarrhaus markiert im Straßenbild den Kirchenstandort. Roediger, der wohl schon ahnte, dass die Kirche nie gebaut werden würde, ließ das zweistöckige Gemeindehaus mit hohem Satteldach auf einem kreuzförmigen Grundriss errichten. Wie bei einer Kir-

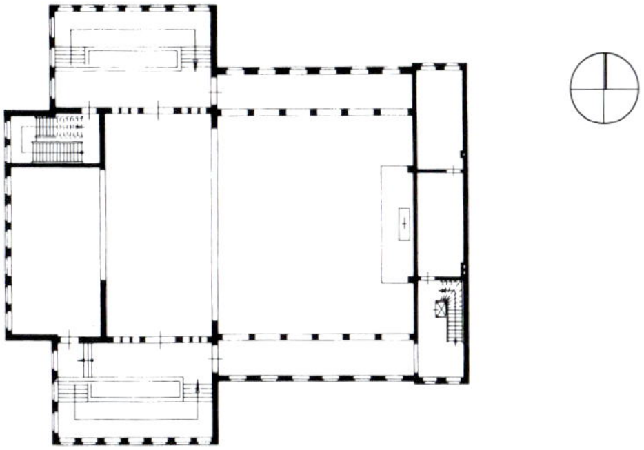

che markieren die steilen Dreiecksgiebel das »Langhaus« und das »Querschiff« und über der »Vierung« ist ein Dachreiter für die Glocke gesetzt. Die expressionistische dunkelviolette Backsteinfassade ist durch dicht gereihte Lisenen gegliedert, wodurch das Gebäude eine vertikale Ausrichtung erhält. In der unteren Etage des Hauses ist heute der Kindergarten der Gemeinde untergebracht. Der Kirchen- und Gemeindesaal (18 Meter breit, 30 Meter lang, 20 Meter hoch) befindet sich im Obergeschoss, das über zwei im Osten und im Westen gelegene Treppenhäuser erreicht wird. Die Treppenaufgänge werden durch eine typologische Folge geschmückt (Steinreliefs). Trotz der Zerstörung des Daches durch eine Bombe im Zweiten Weltkriege ist die dunkle getreppte Original-Holztonne, die den Saal überwölbt, ebenso erhalten geblieben wie nahezu das gesamte expressionistische Inventar. Kirchen- und Gemeindesaal können durch Falttüren getrennt werden und sind somit sowohl separat als auch gemeinsam nutzbar. Seit 1976 sind die schmalen seitenschiffartigen Gänge aus wärmetechnischen Gründen vermauert. Entsprechend alter protestantischer Bautraditionen wurden hier der Altar und die Orgel übereinander angeordnet, allerdings an der Südstirnwand. Die Altarnische ist durch Steinreliefs des halleschen Bildhauers Paul Horn gerahmt, die die Passion Christi zeigen. Horn schuf ebenfalls das hölzerne Rahmenwerk der Orgel, auf dem musizierende Engel im Paradiesgarten zu sehen sind. Die Orgel (15 Register, 2 Manuale und Pedal, Traktur pneumatisch) selbst schuf die Werkstatt Wilhelm Rühlmann jun. (1882–1964) aus Zörbig. Der Maler Helmut Ruhmer (1907–1945), Sohn des Pfarrers, schuf das erste Altargemälde. Das heutige Altarretabel, das auf dem Altar vor der Nische steht, schuf 1985 Bernd Baumgarten (geb. 1956) aus Halle. Es nimmt symbolisch stark Bezug auf Ereignisse der 80er Jahre in Halle. Die an den Wänden angebrachten Bilder der Kreuzwegstationen stammen ebenfalls von Baumgarten.

Baujahr: 1929

Standort: Damaschkestraße 100 a

Konfession: evangelisch

Lutherkirche

Anfang des 20. Jahrhundert dehnte sich die Stadt weiter nach Süden aus. Die Johannesgemeinde richtete daher 1921 eine zweite Predigtstätte in der Kinderbewahranstalt in der Lauchstädter Straße 28 und eine Hilfspredigerstelle ein, die 1927 in eine 5. Pfarrstelle umgewandelt wurde und mit Gründung der Luthergemeinde an diese überging. Nach dem Kauf des Grundstücks im Jahr 1926 stellte Architekt Raimund Ostermaier 1928 das Modell »Lutherkirche«, ein Gebäudeensemble im Stil der Neuen Sachlichkeit, öffentlich vor. Am 10. November 1928, dem Geburtstag Martin Luthers, wurde der Grundstein gelegt und nach nur einjähriger Bauzeit am 10. November 1929 die Lutherkirche mit Pfarr- und Gemeindehaus geweiht. Die Einholung der Glocken, vier Läute- und vier Uhrglocken (Schilling/Apolda) erfolgte am 2. Juli 1929.

Raimund Ostermaier schuf einen großräumigen, von expressionistischen Stilelementen geprägten schlichten Saalbau mit einem hohen, von einer offenen Laterne bekrönten seitlich gestellten Glockenturm (43 Meter hoch, davon 2,30 Meter das Kreuz) mit Turmuhr (Weule/Bockenem a. Harz) und stark eingezogenem Chor. Die Verwendung des Spitzbogenmotivs deutet auf die zeitgemäße Auffassung vom gotischen Stil als Vorprägung moderner Expressivität hin. Das Portal aus braunem Klinker mit den vier überlebensgroßen Evan-

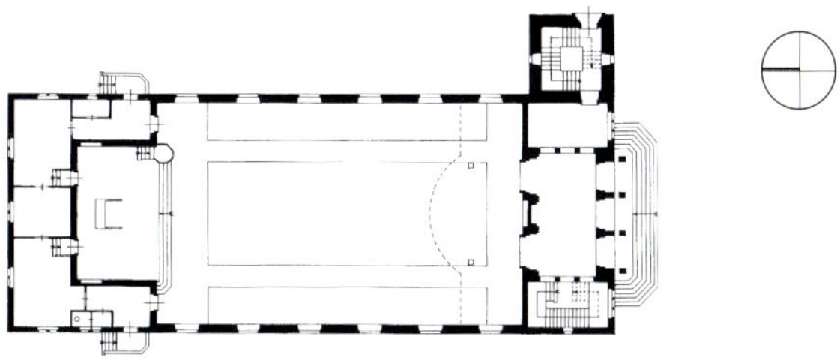

gelisten aus Muschelkalkstein des Berliner Bildhauers Wilhelm Groß (1883–1973), die 1984 aus Sicherheitsgründen abgenommen wurden, und die kleinen Reliefplatten mit Christusmonogramm, Auge Gottes und drei Kerzen (Dreieinigkeit) heben sich farblich von dem hell verputzten Bau ab und führen in die Vorhalle mit der Lutherbüste von Wilhelm Groß.

Das Kirchenschiff überspannt ein von Betonbindern getragenes spitzbogiges Tonnengewölbe. Von den sechs hohen, ornamental bleiverglasten Fenstern geben die beiden links und rechts von der Apsis Szenen aus dem Leben Luthers wieder: Wartburgdarstellung und Verbrennung der Papstbulle 1520 vor dem Elstertor in Wittenberg (beide mit Inschrift) aus der Werkstatt Christel Kuball in Hamburg. Ein eindrucksvolles Monumentalkruzifix aus Lindenholz von Wilhelm Groß beherrscht die in grau gehaltene und als Kielbogen ausgeführte Apsis mit Taufstein, Altartisch aus Veroneser Marmor mit siebenarmigen Holzleuchter und einer schmalen, geschwungenen Holzkanzel. Sechs kleine farbige Glasfenster aus der Quedlinburger Werkstatt Ferdinand Müller oberhalb der Apsis zeigen Alpha und Omega, Ausgießung des Heiligen Geistes, Heilige Schrift, Abendmahl, Lutherrose. Das Bildprogramm der Fenster in Sakristei und Taufkapelle mit Kreuz und symbolischen Darstellungen von Geburt, Taufe und Hochzeit weist auf ihre Nutzung hin. Die weit in den Raum vorschwingende Empore beherbergt in einem mit der Apsis korrespondierenden Kielbogen seit 1930 eine Rühlmann-Orgel (43 Register, 3 Manuale und Pedal, pneumatisch). Das ursprüngliche Glockengeläut, ausgenommen die kleinste A-Glocke, musste 1942 laut Order als »Glockenopfer« für Kriegsmaterial eingeholt werden. Mit Hilfe des 1954 gegründeten Glockenfonds wurde 1958 das Geläut mit einer F-Glocke aus der Gemeinde Haynsberg bei Zeitz (1576, Eckart Kucher/Erfurt) und einer dritten 1958 von der Firma Schilling in Apolda gegossenen Glocke vervollständigt.

Die Lutherkirche ist der erste evangelische Kirchenneubau Halles nach dem Ersten Weltkrieg und befindet sich inmitten eines Neusiedlungsgebietes mit bedeutender städtebaulicher Wirkung.

Baujahr: 1929–1930

Standort: Lauchstädter Straße 14 b
Konfession: katholisch

Franziskanerkirche zur Heiligsten Dreieinigkeit

Das Gotteshaus, das sich über einen sechseckigen Grundriss erhebt und im Inneren durch seine klare Formensprache besticht, wurde in den Jahren 1929 bis 1930 von den Franziskanern für die katholischen Christen in Halles Süden errichtet. Die Kirche ist als eine der wenigen experimentellen Sakralbauten der Zwischenkriegszeit ein Hauptwerk der Klassischen Moderne im mitteldeutschen Raum. Die ersten Mönche des Bettelordens der Franziskaner kamen im 13. Jahrhundert nach Halle. Aufgrund der Reformation ist ihre Geschichte und ihr Wirken in der Stadt aber keine bis heute kontinuierlich fortgeschriebene Tradition. Im Jahr 1255 weihten sie ihre erste Klosterkirche mit den sich anschließenden Klausurgebäuden in den Mauern der Stadt. Da die Franziskaner nur Holzpantinen und Sandalen trugen nannten sie die Menschen auch »Barfüßer«. Im Jahr 1564 mussten sie ihr Kloster aufgeben, das bis ins 19. Jahrhundert als Schulgebäude genutzt wurde. An das Kloster erinnert noch heute die »Barfüßerstraße«.

Obwohl das katholische Leben sich in Halle bereits am Anfang des 18. Jahrhunderts mit Hilfe der Franziskaner allmählich neu zu entfalten begann, wurde die Pfarrei Halle erst am 1. Januar 1808 gegründet. Die Franziskaner selbst zogen zu Beginn des 20. Jahrhunderts wieder in Halle ein. Am 3. September 1920 eröffnet Pater Erasmus

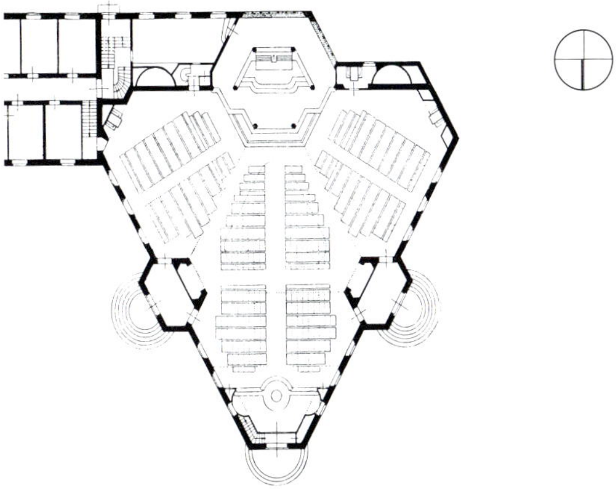

Baumeister (1874–1959) die neue Niederlassung mit dem Auftrag, eine Pfarrvikarie Halle-Süd (Pfarrei auf dem Gebiet der Mutterkirche) zu bilden. Zunächst fand er Unterkunft bei den Grauen Schwestern des St. Barbara-Krankenhauses, das auch eine Kapelle hat. Einige Zeit später konnte das Grundstück im Süden der Stadt in der Lauchstädter Straße aus dem Besitz der Stadt Halle erworben werden. Am 4. April 1923 erfolgte der erste Spatenstich, und bereits am 10. August 1924 konnte der Betsaal (heute Gemeindesaal) und das Kloster der Heiligen Barbara durch Dechant Heddergott geweiht werden. Entworfen hatte dieses Gebäude der Leipziger Architekt Clemens Lohmer in einfachen barockisierenden Formen. Die Pfarrkirche sollte ebenfalls im Neobarock errichtet werden. Als am 16. Juni 1929 der Grundstein gelegt wurde, hatten sich die Franziskaner aber für ein ganz anderes architektonisches Erscheinungsbild entschieden. Der Grund dafür mag zum einen der Wunsch gewesen sein, sich von der Architektur des Wohn- und Industrieviertels nicht zu sehr abzuheben, aber dennoch ein eigenständiges und markantes Gotteshaus zu bauen. Zum anderen hatte Pater Erasmus den Wunsch, dass die Gemeinde den Zielen der Liturgischen Bewegung folgend an der Liturgie tätig mitwirke. Dafür war ein Kirchengebäude mit zentralem Grundriss besonders geeignet.

Die Kirche zur Heiligsten Dreieinigkeit entwarf der Architekt Wilhelm Ulrich (1890–1971), der in Darmstadt, München und Dresden studiert hatte. Für ihn war der Kreis die ideale Grundform eines Gebäudes. Aus diesem Gedanken entwickelte Ulrich den sechseckigen Baukörper, den er als den für menschliche Zwecke anwendbaren Kreis beschrieb, obwohl das Wesentliche, das zentrale

Blick in den Altarraum

Moment des Kreises, gewahrt blieb. Der erste hexagonale Bau, den Ulrich verwirklichte, war sein eigenes Wohnhaus in Halle. Vor dem Bau der Franziskanerkirche hatte er schon mehrere auf dem Sechseck basierende Kirchenentwürfe erarbeitet. Nun hatte er die Möglichkeit, seine Architekturidee in einem großen Kirchenbau realisieren zu können. Der sechseckige Grundriss des verputzten Stahlbetonbaus wirkt aber eher wie ein gleichschenkliges Dreieck, dessen Ecken gekappt sind (Seitenlänge 28,5 Meter, 30 Meter hoch). Über der Raummitte wächst ein Lichtgaden heraus, der zum Turm werdend und um 180 Grad gedreht die gleiche Grundform wie der Unterbau hat. Darüber erhebt sich die ebenfalls sechseckige Glockenstube nun wieder in ursprünglicher Lage. So ist das Dach aus Dreieckformen zusammengesetzt und lenkt den Blick hoch hinauf zum Kreuz. Das immer wiederkehrende Dreieck verweist bildhaft auf das Patrozinium der Kirche, die Heiligste Dreieinigkeit. Durch die kompakte sich nach oben verjüngende Baugestallt kommt die zentralisierte Raumform im Äußeren gut zur Geltung. Die schmucklosen glatt verputzten Seitenwände sind durch hohe, in Dreiergruppen angeordnete Rechteckfenster und die Süd- und Westeingänge in Prismaform gegliedert. Betritt man den Kirchenbau durch den Haupteingang an der nördlichen Schmalseite, konzentriert sich der Blick sogleich auf den gegenüberliegenden Altarraum. Mittels gestufter Deckenhöhen wiederholt sich der Grundriss gedreht im Raumzentrum, und die so entstehenden Hauptlinien führen das Licht und den Blick in den Altarraum. Eine dritte Raumstufe bildet der dreieckige Lichtgaden mit gerundeten Ecken. Um dieses zentrale Sechseck gruppieren sich drei Raumdecken, die ebenfalls das Motiv des sechseckigen Grundrisses wiederholen. Glatte rechteckige und trapezförmige Wandflächen umgrenzen den Raum.

Der durch drei Stufen erhöhte Altarraum ist als separate Raumwabe ausgebildet. Sechs schlanke sechseckige Säulen tragen ein sechsseitiges Prisma, das einen Baldachin über dem Altar bildet. Die beiden vorderen Säulen tragen zusammen mit je zwei in den Wänden der Seiteneingänge eingelassenen Stützen die Last des gesamten mittleren Aufbaus und der Glockenstube. Der Altarraum war ursprünglich mit einem Hochaltar ausgestattet, und seitlich davon waren die Chorbänke der Mönche und die geschlossene Kommunionbank aufgestellt. Weiterhin befanden sich vier Nebenaltäre in der Kirche. Eine halbrunde Kanzel fand sich rechts neben dem Altarraum über der Sakristeitür. Auf der Westempore wurde 1930 die von Rudolf Kühn aus Merseburg gebaute elektro-pneumatische Orgel aufgestellt. (29 Register, 3 Manuale und Pedal) Am 28. August 1930 vollzog der Erzbischof von Paderborn Caspar Klein (1865–1941) die Weihe der Kirche. Die Erhebung zur selbständigen Pfarrei erfolgte aber erst am 1. April 1944.

Als in den 60er Jahren die Kirche umgestaltet wurde, sind schon die Einflüsse des II. Vatikanischen Konzils (1962–1965) spürbar. Der Hochaltar und die Nebenaltäre wurden ebenso wie die Kanzel entfernt, die Konchen zugemauert und die Sakristeitür verlegt. Der Künstler Rudolf Brückner-Fuhlrott (1908–1984) entwarf die Neuausstattung der Kirche sowie die farbige Gestaltung der Seitenfenster. Für den Altarraum schuf er das raumbeherrschende Altarkreuz in Tau-Form sowie die Plastiken der Muttergottes mit dem Christuskind und des Hl. Joseph. Die 14 Bildtafeln des Kreuzweges stammen ebenfalls von Brückner-Fuhlrott. Zu den Neuanschaffungen der 60er Jahre zählen auch das Taufbecken, der Tabernakel, Leuchter, Monstranz, Vortragekreuz und Weihrauchfass.

Baujahr: 1932–1933

Standort: Diesterwegstraße 16
Konfession: evangelisch

Kirche »Am Gesundbrunnen«

Zu Beginn des 20. Jahrhunderts dehnte sich die Stadt weiter nach Süden aus, so dass die großen Innenstadtkirchen Tochtergemeinden gründeten, die bald selbstständig wurden und oftmals selbst Ausgangspunkte für Neugründungen waren. 1932/33 baute die Georgengemeinde im Südwesten der Stadt ein Gemeindehaus, das 1933 zunächst als Wohlfahrtsgebäude mit Notkirche an Christi Himmelfahrt geweiht und nach der Quelle des Gesundbrunnens im Süden der Stadt benannt wurde. 1934 wurde die Gemeinde selbständig. Der ursprüngliche Entwurf des Architekten Bruno Föhre sah eine beachtliche komplexe Anlage einer mittig gelegenen, großen Kirche und seitlich angeordneten, einander entsprechenden Gemeindehäusern vor, die über Pergolen die Verbindung zur Kirche herstellen. Das einzig verwirklichte linke Gebäude, ein massiver Klinkerbau mit lammellenartig angeordneten Fensterbändern, der den Kirchsaal, einen Kindergarten und die Gemeinderäume beherbergt, entspricht den heutigen Bedürfnissen und der Größe der Gemeinde. Da eigentlich als Schlafsaal für den Kindergarten geplant, vermittelt der helle Innenraum mit Holzbalkendecke und nachträglich eingebauter Empore eine eher warme Atmosphäre. Jeweils neun bis weit zum Fußboden heruntergezogene Fensterbänder an den Längsseiten mit einer aus violetten, gelben und hellblauen Rechtecken gestalteten Bleiverglasung geben dem Raum eine angenehme Weite. Stufen führen zu dem in roten Klinkern ausgeführten Altarraum. Das sich über die gesamte Stirnseite erstreckende Fenster zeigt den Heiligen Geist in Gestalt einer Taube mit den Zeichen Alpha und Omega. In einer Nische des Altarraumes steht die derzeitige Orgel, denn die noch vorhandene alte Orgel (13 Register, 2 Manuale und Pedal, pneumatisch) von 1957 von Reinhard Adam aus Halle ist unbespielbar. In den 1980er Jahren wurde der Parkettfußboden leider gegen weniger wirkungsvolle graue, terrazzoartige Steinplatten ausgetauscht. Der acht Meter hohe Glockenturm, eine Stahlkonstruktion, mit drei übereinander hängenden Stahlglocken von 1964/65 steht separat am Pestalozzipark. Die Glocken tragen die Inschriften: *Gelobet sei der Herr täglich, O Land höre des Herrn Wort, Ihr werdet mit Freuden Wasser schöpfen aus dem Heilbrunnen.*

Bauzeit: 1937–1938,
Wiederaufbau: 1950–1951

Standort: Krokusweg 29

Konfession: evangelisch

Heilandskirche

In Halles Nordosten bei Mötzlich begann man im Jahr 1934, die Klemm-Flugzeugwerke, die später in Siebel-Werke umbenannt wurden, zu errichten. Gleichzeitig wurde für die Arbeiter und Angestellten der Werke in der Nähe eine gartenstadtartige Siedlung namens »Frohe Zukunft« erbaut. Zentrum der Siedlung ist eine sehr schlichte Kirche, die von 1937 bis 1938 erbaut wurde. Der Architekt Winfried Wendland (1903–1998), der 1933 maßgeblich an der Gleichschaltung des Deutschen Werkbundes beteiligt war, entwarf eine Kirche, die sich bewusst gegen die expressionistische Stilsprache der Sakralbauten der Weimarer Zeit wandte. Die gestaffelte Baugruppe vereint in hakenförmiger Anordnung die Kirche, Gemeinderäume und ein Wohnhaus. Im südlichen Seitenflügel war zunächst ein Kindergarten und im nördlichen die Küsterwohnung untergebracht. Der einfache rechteckige Kirchsaal mit sich anschließendem Querturm und Satteldach orientiert sich am Typus der romanischen Dorfkirchen der Region. Die Kirche ist aber kein schon von weitem sichtbarer Bau, sondern fügt sich eher unscheinbar in die Siedlungsarchitektur ein. Man betritt die Kirche durch zwei am Turm angeordnete Eingänge und gelangt über einen Vorraum in die Seitenschiffe der Kirche. Ursprünglich war der Kirchsaal in Holzbinderkonstruktion gebaut, so dass der Raum bis in den Dachstuhl offen blieb. Der Dachstuhl

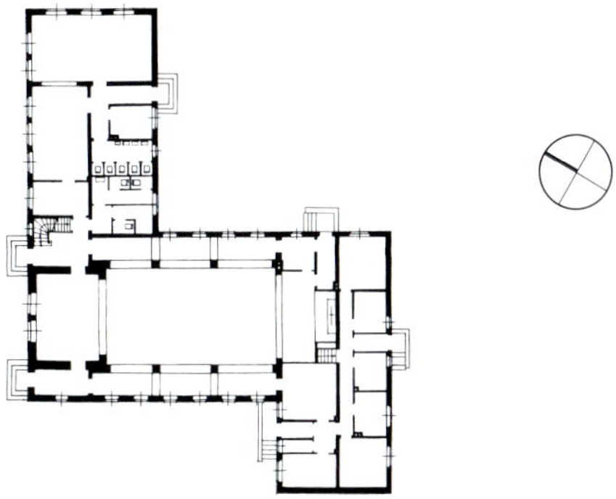

ruhte auf sechs starken Holzpfeilern, die die Seitenschiffe vom Mittelschiff trennten. Von der Decke hingen sechs Leuchterkreuze tief herab. Durch die dunkelbraun gebeizte Kiefernverschalung der Decke und die Stabbauweise hatte der Kirchenraum den Charakter einer skandinavischen Stabkirche. Im durch zwei Stufen erhöhten, von einer Tonne überwölbten Altarvorraum befand sich rechts eine schlichte halbkreisförmige hölzerne Kanzel und links ein hölzerner Taufstein. Der Altar und das Kruzifix waren in einer gesonderten Nische aufgestellt. Dieser Raum konnte durch Flügeltüren, die von Herbert Post gestaltet wurden, verschlossen werden und war damit auch für andere Gemeindeveranstaltungen nutzbar. Ebenso verhielt es sich mit dem unter der Westempore angeordneten so genannten Konfirmandensaal.

Als die Kirche am 3. April 1938 durch Generalsuperintendenten D. Lohmann geweiht wurde, gehörte die Gemeinde noch als vierter Pfarrbezirk zur Paulusgemeinde. Die Bestätigung als selbständige Gemeinde verzögerte sich durch die Kriegseinwirkungen bis zum Jahr 1950. Durch Bombenangriffe 1944 wurde die Kirche vollständig zerstört. Erst in den Jahren 1950 und 1951 konnte sie wieder aufgebaut werden. Zwar entspricht das Äußere heute dem ursprünglichen Kirchenbau, der Innenraum konnte jedoch nur in veränderter und wesentlich schlichterer Form wiederhergestellt werden. Anstelle der Holzpfeiler wurden vier Betonpfeiler errichtet und flache Decken über das Mittel- und die gestaffelten Seitenschiffe eingezogen. Im südlichen Seitenflügel wurden die Gemeinderäume untergebracht. Die Altarleuchter, das Taufbecken mit Krug und das Abendmahlsgerät, das 1937 Walter Schönwandt schuf, konnten gerettet werden. Im Jahr 1956 wurde von Spendengeldern der Gemeindemitglieder, die zum Flugzeugbau in die ehemalige Sowjetunion deportiert wurden, eine neue pneumatische Orgel mit 8 Registern auf zwei Manualen der Firma Schuster aus Zittau gekauft.

Bauzeit: 1990–1991

Standort: Gütchenstraße 21
Konfession: katholisch

Heilig Kreuz

Nach dem Zweiten Weltkrieg wuchs durch Zuzug vorrangig aus Schlesien kommender Flüchtlinge die Anzahl der Katholiken, so dass 1955 die Heilig-Kreuz-Gemeinde als eigenständige Gemeinde gegründet wurde. Der erste Pfarrer der Kuratie, Friedhelm Wortmann, erwarb 1956 das Grundstück, auf dem zunächst ein umgebauter Pferdestall als Betsaal genutzt wurde. Unter dem Architekten Max Krop enstand1965 unter weitgehender Eigenleistung der Gemeinde ein Neubau. Die Altarraumgestaltung stammte vom Bildhauer Friedrich Press (geb. 1904). 1966 erfolgte die Erhebung der Kuratie zur Pfarrei. Seit 1982 gab es die Überlegung, im Rahmen des »Sonderbauprogramms« eine neue Kirche zu errichten, allerdings erschwerten die politischen Verhältnisse in der DDR einen Kirchenneubau. 1991 konnte die nach den Plänen der Architekten Ralf Niebergall und Sigrid Schaller errichtete Kirche nach nur einjähriger Bauzeit geweiht werden.

Die in einem Park gelegene Kirche inmitten der gründerzeitlichen Blockrandbebauung bleibt hinter dem 300 Jahre alten Pfarrhaus, das 1992/94 saniert und mit einem Anbau für die Sozialstation versehen wurde, unsichtbar. Quer zur Nachbarbebauung stehend erhebt sich die Kirche als dreiseitig freistehender Baukörper mit freistehendem Glockenspiel aus zwölf Glocken (Kupfer-Zinn-Bronze, Firma Metz/ Karlsruhe, elektronische Steuerung). Die kristallin-spitzwinklige Bauform mit den beidseitig tief herabgezogenen Pultdächern schafft eine Atmosphäre des Behütetseins, die sich im Inneren fortsetzt. Der Raum verzichtet weitgehend auf geschlossene Flächen: die tief liegende

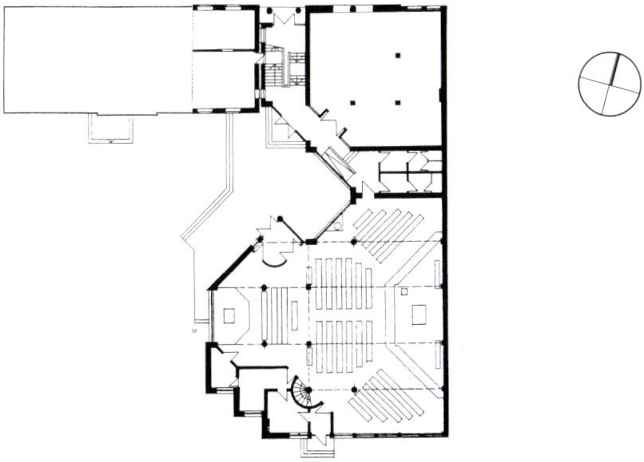

Fensterfront an der rechten Langseite öffnet den Raum zum Park, durchbrochene Längs- und Querbinder sowie die offene Dachsparrenkonstruktion unterstreichen den Hüttencharakter, Glastüren führen in den Außenbereich und ins angrenzende Gemeindehaus. Über den Längsbindern öffnet sich ein Lichtgaden, der den Raum nach oben öffnet, die Mittelachse betont und den Blick zum Altar lenkt. Der Altartisch mit seinen farbig gestalteten Flächen bildet einen Kontrast zu den fliederfarbenen Wänden. Der Bildhauer Andreas Freyer (geb. 1953) aus Kaltenmark bei Halle schuf den Altar, den schlichten Tabernakel und den Ambo. Anstelle eines Kruzifixes befinden sich über dem Altar sieben gestaffelt angebrachte weiße Stoffkreuze von Wolfram Zausch, deren Wirkung sich je nach Lichteinfall verändert.

Die Pietà und das vor der Kirche aufgestellte Kreuz sind die einzig erhaltenen Stücke der von Press geschaffenen Ausstattung. Eine schmale Wendeltreppe führt an der rechten Schrägseite auf die in den Raum ragende kleine Empore mit der Orgel der Firma Ahlborn (20 Register, 2 Manuale und Pedale, elektronisch). Unterhalb der Empore befindet sich die Sakristei. Zwischen dem Hauptraum und der rückwärtig gelegenen Werktagskirche mit Kreuzweg sind im Boden vier Bronzeplatten mit der Inschrift *Lasset Euch versöhnen mit Gott* auf Deutsch, Englisch, Französisch und Russisch eingelassen, die auf die Mitgliedschaft in der Nagelkreuzgemeinde hinweisen. Eine Plastik im Eingangsbereich zum Gemeindehaus erinnert an die bewegte Zeit der »Wende« 1989/90, in der die Gemeinde Gastgeber für den »Runden Tisch« war.

Die Kirche zeichnet sich durch den Verzicht auf traditionelle Grundrisse sowie durch die Fassadengestaltung und eine Verbindung moderner Tendenzen der 1980er Jahre mit Anregungen des kristallinen Expressionismus der 1920er Jahre aus.

Bauzeit: 1998

Standort: Franckeplatz 1, Haus 24

Konfession: evangelisch

St. Georgs Kapelle

Im Rahmen des Wiederaufbaus der Franckeschen Stiftungen wurde die evangelische St. Georgs Kapelle 1998 geweiht. Sie wird vorrangig von den Studenten und Mitarbeitern der Theologischen Fakultät für Seminargottesdienste, Andachten und Kirchenmusik genutzt sowie vom Canstein Bibelzentrum und vom benachbarten evangelischen Konvikt. Ihren Namen erhielt die Kapelle in Erinnerung an August Hermann Francke (1663–1727), der bis 1740 in der nahe gelegenen Georgenkirche predigte. In einem barocken Keller mit Kreuzgratgewölbe geht von dem in schlichtem Weiß gehaltenen Raum mit indirekter Beleuchtung eine ruhige meditative Atmosphäre aus, allein der einfache Altartisch und das Lesepult setzen einen farblichen Akzent. Zwischen den Eingängen zur St. Georgs Kapelle und zur gegenüberliegenden orthodoxen Hauskirche steht ein Taufstein aus dem 15. Jahrhundert, der aus der St. Michaels Kirche in Groß-Lissa bei Delitzsch stammt und der nun an dieser besonderen Stelle an die gemeinsame Grundlage aller Kirchen, die eine Taufe, erinnert. Dass sich eine orthodoxe und eine evangelische Kirche benachbart unter einem Dach befinden, trifft man sonst nirgends in der gesamten christlichen Welt und entspricht der weltoffenen Tradition der Franckeschen Stiftungen in Halle.

Bauzeit: 2000

Standort: Franckeplatz 1, Haus 24

Orthodoxe Gemeinden

Hauskirche zum Heiligen Kreuz

Russisch Orthodoxe Kirche des Moskauer Patriarchats

Am 5. Juni 1999 gründete sich die erste orthodoxe Gemeinde in Halle, die der Diözese der orthodoxen Kirche Russlands (Moskauer Patriarchat) in Deutschland unterstellt ist. Die Verbindungen zur russisch orthodoxen Kirche gehen auf August Hermann Francke (1663–1727) zurück und sind seitdem von den Stiftungen weiter gepflegt worden. Am 10./11. Februar 2000 wurde die Orthodoxe Hauskirche zum Heiligen Kreuz in den Franckeschen Stiftungen von Erzbischof Feofan aus Berlin geweiht. Das Moskauer Ikonenmalerehepaar Marina Sinanjan und Vladimir Stscherbinin gestaltete die Wände in aufwändiger Freskenmalerei der nach altrussischer Bautradition mit Narthex (Vorraum) und Hauptraum in einem barocken Kellergewölbe errichteten Hauskirche. Der Narthex thematisiert die Botschaft der Gastfreundschaft (Philoxenia und Gostepriimstvo) auf der östlichen Stirnseite mit der Darstellung der Heiligen Dreieinigkeit Gottes in Gestalt der drei Gäste bei Abraham und Sara. In Medaillonform sind die Vorväter und Vormütter des Alten Testaments abgebildet. Der Hauptraum im südlichen Gewölbe steht für die Botschaft der Gewaltlosigkeit und der Menschenliebe (Philantropia), symbolisiert in den Gestalten der Leidensdulder Boris und Gleb. Die Fresken und der Ikonostas (siehe Abbildung) zeigen griechische und russische Heilige, das letzte Abendmahl, den Abstieg ins Totenreich als Verkündigung der Auferstehung und im Allerheiligsten eine Deesis: Christus mit den Fürbittern Maria und Johannes dem Täufer. Der Ikonostas entstand nach einem Entwurf von Eberhard Kull mit Ikonen, die ein Weimarer russisch orthodoxer Priester malte. Die Hauskirche bereichert die Stadt Halle um ein seltenes Kunstwerk.

Bauzeit: 2004 *Standort: Mauerstraße 5*

Kapelle St. Elisabeth und St. Barbara

Krankenhaus St. Elisabeth und St. Barbara

1894 gründeten die Grauen Schwestern in der Mauerstraße eine Pflegeeinrichtung für Kinder und alte Menschen, die 1897 um ein Krankenhaus für Erwachsene erweitert wurde: das St. Elisabeth Krankenhaus. 1904 entstand ein Neubau für die Kinder in der Barbarastraße und Mitte der neunziger Jahre des 20. Jahrhunderts schlossen sich beide Häuser zusammen. Am 4. Dezember 2004 wurde die neu errichtete Kapelle eingeweiht. Obwohl der mit Sandstein verkleidete Rundbau der Kapelle mit dem Krankenhausgebäude verbunden ist, wird sie als eigener Baukörper wahrgenommen. Sie wurde nach einem Entwurf von Professor Ulrich Reimkasten (geb. 1953) von Studierenden und Absolventen seiner Klasse an der Hochschule für Kunst und Design Burg Giebichenstein gestaltet.

Von einem kleinen, in den Boden des Foyers eingelassenen Bronzeschild mit der Inschrift *Ich bin* führt ein Weg aus blau geädertem brasilianischem Bahia Azul in die Kapelle und hin zu dem Altarbereich aus

rechts: Hl. Elisabeth und Hl. Barbara mit dem über ihren Köpfen schwebenden Attributen-Mobile

schwarzem Porphyr. Dort befinden sich der Altar, in den Reliquien der Hl. Elisabeth eingeschlossen sind, der Ambo und ein großes meditatives Altarbild aus Filz, das vom Fußboden bis zur Decke reicht. Über einem aufgeschlagenen Buch im unteren Teil des Bildes erhebt sich die aufgehende orangefarbene Sonne als Symbol der Hoffnung und Auferstehung. Vor der Sonne hängt ein gläsernes Kreuz, durch welches die Sonne je nach Blickwinkel leuchtend orangefarbend oder eher grau erscheint. Zwei abstrakte Wandbilder aus Filzstreifen in verschiedenen Grautönen rahmen den Türbereich, der mit hell- und dunkelbraunen zusammengesetzten Kreuzen gestaltet ist. Der helle Innenraum mit Oberlicht und hohen farbigen Fenstern verfügt über eine Empore mit elektronischer Orgel der Firma Hoffrichter aus Salzwedel. Der Tabernakel und eine Pietà im Rund der Kapelle aus dem 19. Jahrhundert sind eine Schenkung der Schwestern der Hl. Elisabeth. Der Bildhauer Marc Fromm schuf die fast schwebend installierten Figuren der Hl. Elisabeth und der Hl. Barbara, die sich sanft an den Händen berühren. An einem Mobile über ihnen pendeln ihre Attribute Rose und Turm, so dass sie keiner der beiden zugeordnet sind.

Bauzeit: 1387
Umbau: 1504, 1738–1742

Standort: Schulberg 6
Konfession: evangelisch

Ammendorf – St. Katharinen

Nähert man sich auf der Merseburger Straße dem 1214 erstmals urkundlich erwähnten Ammendorf (1950 nach Halle eingemeindet), erblickt man schon bald die auf einer Anhöhe gelegene Kirche. An diesem Standort ließ der Ritter Hermann Kotze der Ältere 1387 zum ersten Mal eine Kirche errichten. Die Kirche wurde der Hl. Katharina geweiht und war zunächst eine Filialkirche von Radewell. Bereits zwei Jahre später, am 24. Februar 1389, wurde sie durch Erzbischof Albrecht IV. von Magdeburg (Amtszeit 1382–1403) zur selbständigen Pfarrkirche erhoben. Da die romanische Dorfkirche baufällig geworden war, ließ der Gutsherr von Bose 1504 eine neue Kirche erbauen, die von 1509 bis 1511 durch den Bau eines Kirchturms komplettiert wurde. 1542 trat die Gemeinde zum protestantischen Glauben über und ihr erster evangelischer Pfarrer war Georg Franck von Brene.

Als im 18. Jahrhundert die Theologische Fakultät der Universität Halle Beisitzer des Amtes Beesen-Ammendorf war, wurden durch sie die Kirchen beider Orte grundlegend erneuert. Die Ammendorfer

Kirche erhielt bei Verwendung des gotischen Mauerwerkes von 1728 bis 1742 ihre heutige Gestalt. Der rechteckige Kirchsaal (18 Meter lang, 8,70 Meter breit) mit geradem Chorschluss und flachbogigem Rechteckfenster war ebenso wie der eingezogene quadratische Westturm (27 Meter hoch) verputzt. In Höhe des Walmdachabschlusses wurde dem Turm aus Fachwerk ein achteckiges Prisma aufgesetzt, das von einem doppelhaubigen Schifferdach bekrönt wird. Erst im Zuge der Restaurierung von 1905 durch den halleschen Stadtbaurat Carl Rehorst (1866–1912) wurde auch die Sakristei mit ihrem barocke Architekturformen zitierenden Mansarddach angebaut.

Das Innere der Kirche ist entsprechend einer barocken Dorfkirche mit einer verputzten Holztonne überwölbt sowie mit einem Kanzelaltar und einer dreiseitigen Empore ausgestattet. Der Kanzelaltar entstand 1739 in einer Merseburger Werkstatt und ist sparsam mit Laub- und Bandelwerkornament verziert. Vermutlich fertigte die selbe Werkstatt auch das kleine barocke Holztaufbecken. Auf der leicht nach vorn gewölbten Orgelempore wurde 1905 unter Verwendung von Teilen des barocken Prospektes eine Orgel von Wilhelm Rühlmann sen. (1842–1922) aus Zörbig eingebaut, die Ende der 70er Jahre zerstört wurde.

1928 wurde die Kirche letztmalig umfassend restauriert, wobei vermutlich die Empore mit Sprüchen und Emblemata geschmückt wurde. Die St. Katharinen Kirche überstand den Zweiten Weltkrieg, trotz Bombentreffern auf den sie umgebenden Kirchhof unbeschadet. In den folgenden Jahrzehnten verfiel sie jedoch zunehmend, da dringend notwendige Erhaltungsmaßnahmen nicht durchgeführt werden konnten und sie zum Teil mutwillig zerstört wurde. Seit Anfang der 80er Jahre konnte die Gemeinde den Gottesdienst nicht mehr in der Kirche feiern. 1993 begannen engagierte Gemeindemitglieder mit ersten Sicherungsmaßnahmen an der Kirche. In den Jahren darauf wurde das Dach aufwändig saniert, der Kirchturm umfassend erneuert, die Fenster neu verglast und die Deckentonne frisch geputzt. Noch aus der Barockzeit erhalten geblieben sind einige Grabmäler auf dem Kirchhof. So steht zum Beispiel links neben dem Haupteingang das Epitaph für Georg von Bose. Auch erfuhr das im Jahre 1756 durch die Theologische Fakultät errichtete Pfarrhaus über die Jahrhunderte kaum Veränderungen.

Bauzeit: 1982–1984

Standort: Brauhausstraße 10
Konfession: katholisch

Ammendorf – St. Marien

Im Süden der Stadt Halle wurde zwischen 1979 und 1989 in Sichtweite zum Chemiekombinat Buna für die Arbeiter des Werkes die Großwohnsiedlung Silberhöhe errichtet. Die Geschichte der Christen der Gegend reicht hingegen schon tausend Jahre zurück. So wurde die erste Kirche bereits im 11. Jahrhundert in Radewell erbaut. Zu ihrem Pfarrgebiet gehörte auch Ammendorf. Mit der Reformation traten die Gemeinden zum protestantischen Glauben über und wurden von einem evangelischen Pfarrer betreut. Im Zuge des raschen wirtschaftlichen Wachstums in Halle seit der Mitte des 19. Jahrhunderts siedelten sich viele katholische Zuwanderer aus dem Eichsfeld, Polen und Schlesien in der Gegend um Ammendorf an. 1898 kaufte die Propsteigemeinde zu Halle ein Grundstück in der heutigen Alfred-Rheinhardt-Straße und ließ dort 1901 durch den Maurer- und Zimmermeister Möbus eine Kapelle aus Holz errichten, die später durch einen massiven Kirchenbau ersetzt wurde. Am 27. Mai 1901 wurde die Kirche zu Ehren der seligen Jungfrau Maria, die Hilfe der Christen, geweiht und von einem Vikar der Propsteigemeinde betreut. Die Gemeinde wurde dann am 1. Januar 1918 zur Pfarrvikarie und am 1. Juni 1957 zur selbständigen Pfarrei »St. Marien«.

Bei der Entstehung des Wohngebietes Silberhöhe plante die katholische Kirche die Errichtung eines Gemeindezentrums in dessen Nähe. Nach dem Kauf des weiträumigen Grundstückes in der Brauhausstraße 10 im Jahr 1980 legte man 1981 den Grundstein für das neue Pfarrhaus. In dem 1982 fertig gestellten Haus wurde bis zur Kirchweihe in den Kellerräumen Gottesdienst gefeiert. In unmittelbarer Nähe zum Pfarrhaus wurde 1982 der erste Spatenstich für das Gotteshaus mit angrenzendem Gemeindezentrum vollbracht, dessen Weihe schon am 13. Mai 1984 erfolgte. Im Zusammenhang mit der Weihe der neuen Pfarrkirche »St. Marien« wurde die alte Kirche in der Alfred-Rheinhardt-Straße, wo man noch bis Oktober 2005 Gottesdienst feierte, in »St. Hedwig« umbenannt. Der moderne Kirchenbau mit Gemeindezentrum zeichnet sich durch eine sachliche, klare Formensprache aus. Über einem oktogonalen Grundriss erhebt sich der hell verputzte Zentralbau der Kirche. Diese Form des Grundrisses, der seit dem byzantinischen Kirchenbau Verwendung findet, wird als ein Symbol der Unendlichkeit interpretiert. Unter dem kupferverblendeten Flachdach ist ein um die gesamte Kirche laufender Kranz von Buntglasfenstern angeordnet.

Das Gemeindezentrum betritt man durch eine breite Glastür und gelangt vom Foyer in den flach gedeckten Kirchenraum. Dieser wird durch den warmen roten Farbton der ziegelverblendeten Wände bestimmt, von dem sich die weiße Brüstung der Nord- und Westempore klar absetzt. Die mechanische Orgel auf der Westempore stammt von Gerhard Kühn aus Merseburg und zählt 10 Register auf zwei Manualen. Die Errichtung und Ausstattung der Kirche wurde durch den Künstler Werner Nickel begleitet. Er schuf auch den Altar, die Christusfigur und den Tabernakel. Das aus der Mitte des 18. Jahrhunderts stammende Kreuzigungsgemälde ist ein Werk von Christian Wilhelm Ernst Dietrich (1712–1774). Die 14 Kreuzwegbilder sind Kopien der Arbeiten von Evamaria Brückner von Eiff aus dem Jahr 1971. An die alte Kirche in der Alfred-Rheinhardt-Straße erinnert die aus der zweiten Hälfte des 15. Jahrhunderts stammende Madonnenfigur. Sie war zunächst dort aufgestellt und gehört heute zur Ausstattung der neuen St. Marien Kirche.

Bauzeit: 12. Jh.
Umbau: Anfang 16. Jh., 1724–1725 und 1743–1744

Standort: Franz-Mohr-Straße 1 c

Konfession: evangelisch

Beesen – St. Elisabeth

Im Jahr 1184 übereignete Erzbischof Wichmann von Magdeburg (vor 1116–1192) dem von ihm gegründeten Moritzkloster in Halle die Kirche zu Radewell mit ihren drei Kapellen in Döllnitz, Wörmlitz und Bizeme (Beesen). Damit findet sich in den schriftlichen Quellen auch die erste Erwähnung einer Kirche in Beesen. Vom romanischen Vorgängerbau, der vermutlich eine kleine Saalkirche aus Bruchstein war, sind an der Nordseite ein rechteckiges Portal und ein Rundbogenfenster erhalten. Als im Jahr 1455 Beesen und Ammendorf dem Geschlecht der von Bose verliehen wurden, wurde die Kirche in Beesen eine Filiale von Ammendorf. Vermutlich veranlassten die von Bose am Anfang des 16. Jahrhunderts wie in Ammendorf eine Umgestaltung der Kirche in Beesen. Sie wurde verlängert und mit einem dreiseitigen Ostabschluss versehen.

Noch heute betritt man die Kirche durch ein spitzbogiges gotisches Portal. Im Inneren ist in der nördlichen Chorwand eine Sakramentsnische eingelassen, die mit Fialen und Kreuzblumen verziert ist. Während die Theologische Fakultät der Universität Halle in den Jahren von 1726 bis 1788 Besitzer des Gutes Beesen-Ammendorf war, ließ sie die

Kirchen in beiden Orten umfassend erneuern. Die Wände der Beesener Kirche wurden aufgemauert und verputzt, die Fenster vergrößert und 1743 bis 1744 der Bau des westlichen quadratischen Kirchturmes mit achteckigem Glockengeschoss und »Welscher Haube« abgeschlossen. Die barocke Saalkirche wurde im Inneren mit einer Holztonne überwölbt und mit einer doppelgeschossigen Hufeisenempore ausgestattet. In den Brüstungsfeldern der unteren Empore sind Malereien mit Szenen aus dem Leben Jesu zu sehen, die von Jeremias Hoffmann wohl im ersten Viertel des 18. Jahrhunderts geschaffen wurden. Die Darstellungen aus der Noaherzählung an der nördlichen Emporenergänzung stammen von einem anderen Maler.

Dominiert wird das Rauminnere jedoch durch den bis in die Deckentonne aufragenden Kanzelaltar, den der hallesche Bildhauer Wiener unter Verwendung älterer Ausstattungsstücke 1791/1792 fertigte. Die zunächst freistehende Kanzel mit Schalldeckel schuf 1725 der Merseburger Architekt und Bildhauer Johann Christian Trothe (1702–1760). Er schmückte den Kanzelkorb mit geschnitzten Reliefs der vier Evangelisten und den Schalldeckel mit den Gesetzestafeln, Blitzen und Wolken. Gerahmt wird die Kanzel von den Seitenflügeln und dem geteilten Schrein des 1522 entstandenen Schnitzaltars. Unterhalb der Kanzel befindet sich die 1745 von J. A. Reinwaldt gemalte Predella, die das Abendmahl zeigt.

An der Südwand befindet sich ein um 1520 geschaffenes lebensgroßes Kruzifix, das sich durch eine realistische Körperdarstellung auszeichnet. Darunter ist die trauernde Maria zu sehen. Die barocke Taufnische mit Taufbecken und wahrscheinlich den mit Akanthuslaub verzierten Orgelprospekt schuf ebenfalls 1725 Johann Christian Trothe, dessen Vater die Passendorfer Kirche ausstattete. Die pneumatische Orgel fertigte 1929 Wilhelm Rühlmann jun. (882–1964) aus Zörbig (12 Register, 2 Manuale und Pedale).

Im Jahr 1917 wurde Beesen nach Ammendorf eingemeindet und 1950 Ammendorf nach Halle. Als in den 70er Jahren des 20. Jahrhunderts das Neubaugebiet Silberhöhe gebaut wurde, wuchs damit auch die Gemeinde in Beesen und 1981 konnte wieder eine eigene Pfarrstelle eingerichtet werden. Durch das Engagement von Pfarrer und Gemeinde konnte die Kirche von 1980 bis 1988 umfassend restauriert und ein neues Gemeindezentrum errichtet werden.

Bauzeit: spätes 12. Jh.
Umbau: 1982

Standort:
Böllberger Weg 152

Konfession: evangelisch

Böllberg – St. Nikolaus

Das an der Saale gelegene Fischerdorf Böllberg taucht in den Urkunden zum ersten Mal am 17. Oktober 1012 auf, als Heinrich II. (973–1024) dem Hochstift in Merseburg alle Schenkungen seines Vorgängers bestätigte. Das Nikolauspatrozinium der Kirche lässt vermuten, dass sie im späten 12. Jahrhundert errichtet wurde, siedelte doch Erzbischof Wichmann von Magdeburg (vor 1116–1192) in der zweiten Hälfte des 12. Jahrhunderts im Saalkreis Flamen und Friesen zur Entwässerung des Gebietes an. Die Kolonisten weihten ihre Kirchen, wie auch die in Büschdorf und Dölau, dem Hl. Bischof Nikolaus von Myra, dem Schützer gegen alle Wassergefahren. Die früheste schriftliche Erwähnung der Kirche findet sich 1291, als die Einwohner von Böllberg ihren Pfarrer mit Land ausstatten, um sich von der Mutterkirche St. Georgen in Glaucha lösen zu können. 1307 war dies erreicht, und Böllberg hatte seine eigene Pfarrei. Der erste evangelische Pfarrer predigte 1560 in der Kirche, einem kleinen romanischen Saal mit halbrunder ungegliederter Apsis (17,10 Meter lang, 7,50 Meter breit im Westen bzw. 7,80 Meter im Osten).

Die in ihrem Äußeren gut erhaltene Kirche ist in Bruchsteinbauweise errichtet worden und stellt die einfachste Form des dörflichen Sakralbaus des Hochmittelalters dar. Allerdings fehlt ihr der typische Westquerturm. An der Nordseite sind die ursprünglichen hoch liegenden winzigen Fenster erhalten geblieben. Die Fenster der Südseite und der Apsis wurden in späterer Zeit vergrößert. Aus dem späten 12. Jahrhundert stammt auch das Portal mit gradem Sturz und einem mit Rosetten verzierten Tympanon. Der Innenraum ist mit einer flachen, farbig gefassten Holzdecke überspannt, die in spätgotischer

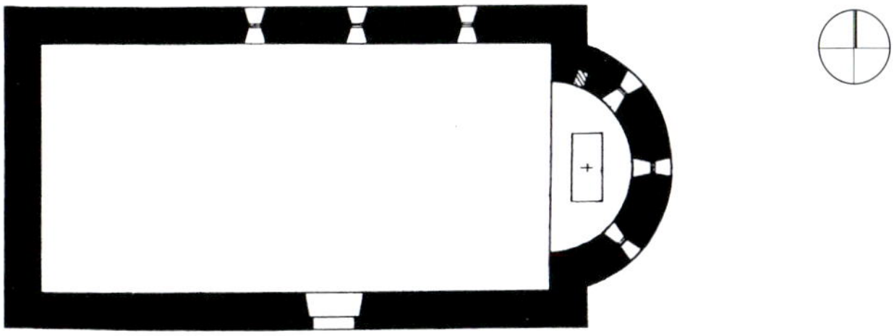

Zeit mit einer zum Teil noch gut erhaltenen Schablonenmalerei geschmückt wurde. Diese Decke ist ein wichtiges Zeugnis mittelalterlicher Raumfarbigkeit der halleschen Gegend. Aus romanischer Zeit ist ebenfalls eine schlichte steinerne Tauffünte erhalten.

In der Barockzeit wurde die Kirche mit einer hölzernen Empore an der West- und Nordseite, mit einem Altar, einer Kanzel und einer Patronatsloge ausgestattet. Der um 1600 gefertigte kleine Altar ist mit Akanthusschnitzereien verziert und zeigt auf dem Altarblatt Christus am Ölberg. Ebenfalls aus der Zeit um 1600 stammt die farbig gefasste, mit Beschlagwerk geschmückte und auf einem schlanken Schaft stehende polygonale Kanzel. An den Wänden der Kirche sind ein Kruzifix in halber Lebensgröße aus dem zweiten Viertel des 16. Jahrhunderts und ein naives Lutherporträt von 1617, das als bemaltes Holzrelief gearbeitet ist, angebracht.

Eine umfassende Restaurierung der Kirche erfolgte in den Jahren 1974 bis 1975. Die mechanische Orgel mit sieben Registern auf einem Manual und Pedal des Orgelbauers Gerhard Kühn aus Merseburg wurde 1979 auf der Südempore aufgestellt. 1982 entstand nach dem Entwurf des halleschen Architekten Falk Naumann (geb. 1941) ein freistehender, schalenförmiger Glockenturm in moderner Formensprache, jedoch unter Beibehaltung des traditionellen Bruchsteinmauerwerks. Das Dach der Kirche wurde 2005 neu gedeckt.

Das Dorf um die Böllberger Kirche ist heute verschwunden und sie liegt an einer viel befahrenen Durchgangsstraße. Die Gemeinde von Böllberg vereinte sich 1980 mit der Gemeinde St. Petrus in Wörmlitz. Ihre Gemeindeglieder leben heute in den Wohngebieten »Am Böllberger Weg« und »Halle-Süd 2«.

Bauzeit: um 1150
Umbau: Anfang 18. Jh., 1720–1724

Standort: Käthe-Kollwitz-Straße 9

Konfession: evangelisch

Büschdorf – St. Nikolaus

Das Nikolauspatrozinium verweist darauf, dass die Kirche in der zweiten Hälfte des 12. Jahrhunderts gegründet wurde. In der Zeit Erzbischof Wichmanns von Magdeburg (vor 1116–1192), wurden in der Gegend zur Entwässerung der fruchtbaren Reideniederung Flamen und Friesen angesiedelt. Sie weihten ihre Kirchen, wie die in Böllberg und Dölau, dem Hl. Bischof Nikolaus von Myra, dem Schützer gegen alle Wassergefahren. Ihre Kirche in Büschdorf errichteten sie an einer höher gelegenen trockenen Stelle westlich des Dorfes. 1228 wurde der 1950 nach Halle eingemeindete Ort erstmals urkundlich erwähnt.

Der Kirchenraum ist ein kleiner, im Osten dreiseitig geschlossener Saal mit einem ebenso breiten querrechteckigen Westturm. Am Anfang des 18. Jahrhunderts wurde die verputzte, aus Bruchstein gebaute Kirche umfassend barockisiert, der Turm in den Jahren 1720 bis 1724 erhöht. Der schmalere, ebenfalls querrechteckige Turmaufsatz mit barocken Fenstern wird von einer »welschen Haube« bekrönt. 1909 wurden der heutige Turmknopf und die Fahne aus Kupfer aufgesetzt. Ebenso wurden in der Barockzeit an Saal und Chor die Fenster vergrößert. Das Innere der Kirche betritt man durch eine Pforte an der

Südseite des Turmes. Noch aus der Entstehungszeit der Kirche ist die nördlich im Chor eingelassene Sakramentsnische erhalten. Sie ist durch ein eisernes Gitter verschlossen und wird von einem Schachbrettfries geschmückt. Das achteckige Taufbecken aus Sandstein, welches von einem achteckigen Fuß mit sich nach oben verjüngendem Schaft getragen wird, stammt entsprechend der Inschrift aus dem Jahre 1520.

In der Kirche befindet sich ein Vortragekreuz, dessen kleiner spätgotischer Kruzifix von geschnitztem Blumenschmuck umrahmt wird, der aus der Zeit um 1700 stammt. Während des barocken Umbaus der Kirche wurde das Innere mit einer umlaufenden dreiseitigen hölzernen Empore und einer polygonalen hölzernen Kanzel ausgestattet. Seit dieser Zeit wird die Kirche von einer verputzten Holztonne, deren barocker Deckenspiegel erhalten ist, überwölbt. Die pneumatische Orgel (12 Register auf 2 Manualen und Pedal) auf der vorschwingenden westlichen Empore lieferte 1888 der Orgelbaumeister Wilhelm Rühlmann sen. (1842–1922), sie ist das 95. Werk Rühlmanns. 1929 erhielt sie neue Prospektpfeifen. Für den Chor der Kirche stiftete 1913 Albin Werneburg farbige Glasfenster, die Ferdinand Müller aus Quedlinburg fertigte. Sie zeigen jeweils mit deren Wappen linker Hand das Porträt Martin Luthers sowie rechter Hand das Porträt Philipp Melanchthons. Bei einer Umgestaltung des Altarraumes in den 60er Jahren des 20. Jahrhunderts wurde der Mittelschrein eines Schnitzaltars, der um 1500 entstand und Maria im Strahlenkranz mit Kind und acht Heiligenfiguren zeigt, an die Hauskapelle der Schwestern in der Babarastrasse entliehen. Von 1994 bis 2001 wurde das Innere und Äußere der Kirche saniert. Turm und Dachstuhl wurden neu eingedeckt, der Turmknopf restauriert und die Holztonne neu verputzt.

Bauzeit: um 1647
Umbau: 1886–1888

Standort: Fritz-Hoffmann-Straße 50
Konfession: evangelisch

Diemitz – Johannes der Täufer

Eine Besiedlung der Diemitzer Gegend kann bereits für das Ende des 8. Jahrhunderts nachgewiesen werden. Als Dorf und Gut Diemitz 1370 in den Besitz von Henricus und Bertram Peisker aus Halle übergehen, wird der Ort erstmals in den Urkunden erwähnt. Zum Dorf gehörte auch ein Klosterhof mit einer Kirche. Versorgt wurde die Gemeinde durch einen Vikar des Gerbstedter Nonnenkloster. Mit der Reformation wurde die Kirche eine Filiale der St. Ulrichkirche in Halle, und seit 1553 predigte ein evangelischer Pfarrer von St. Ulrich alle zwei Wochen in Diemitz.

Im Dreißigjährigen Krieg wurde das Dorf zerstört und blieb bis zu seinem Ende unbewohnt. Als die Gemeinde 1647 zurückkehrte, baute man die Kirche im Barockstil wieder auf. Der Kirchenraum ist ein verputzter rechteckiger Saal mit einem dreiseitigen Chorschluss und Rundbogenfenstern, die eine profilierte Sandsteinrahmung aufweisen. Auf der westlichen Seite wurde ein achteckiger schiefergedeckter Dachreiter aufgesetzt. Wahrscheinlich wurde bei diesem Ausbau auch der erste nördliche Sakristeianbau errichtet und die Kirche mit einer über die Westnord- und Ostseite verlaufenden Empore, einem Kirchenstübchen im Chorbereich, einem Gestühl und einer Kanzel ausgestattet. Mit der Industrialisierung im 19. Jahrhundert wuchs auch die Gemeinde in Diemitz und bildete seit dem 1. Oktober 1881 eine eigene Pfarrgemeinde. Der Ort wurde 1950 nach Halle eingemeindet.

Von 1886 bis 1888 wurde die Kirche durch das Architekturbüro Giese aus Halle saniert und umgebaut. Der alte westliche Eingang wurde geschlossen, die Nordwand der Kirche und die alte Sakristei wurden abgebrochen. Der an der Nordseite errichtete Erweiterungsbau sollte mehr Raum für die Gemeinde schaffen und die Sakristei, den Kircheneingang und den Wendelstein für die obere Empore aufnehmen. Das Innere der Kirche wird seit dieser Sanierung vom dunklen Holzton der Kassettendecke, der West- und Nordempore, des Orgelprospektes und des Gestühls bestimmt. Die Orgel (13 Register, 2 Manuale und Pedal) lieferte 1934 Wilhelm Rühlmann jun. (1882–1964) aus Zörbig. Die polygonale hell gestrichene hölzerne Kanzel, die auf einem achteckigen Kanzelträger ruht, wurde bei der Sanierung am Ende des 19. Jahrhunderts etwas verschoben und überarbeitet. Der aus Holz gefertigte Taufstein ist ebenfalls achteckig, hell gestrichen und sparsam verziert. Auf dem die Kirche umgebenden Friedhof, auf dem barocke Grabmäler erhalten sind, wurde 1933 (1935 ergänzt) ein großer Ehrenfriedhof für die Gefallenen des Ersten Weltkrieges und des Krieges von 1871 nach dem Entwurf von Hildegard Theeßen errichtet.

1997 bis 2000 wurde die Kirche umfassend restauriert. Dabei erhielt die Kirche 1998 einen neuen Altar vom halleschen Maler Bernd Baumgarten (geb. 1956). Das Altargemälde aus den 30er Jahren des 19. Jahrhunderts befindet sich auf der Nordempore. Der Altar Baumgartens zeigt im geöffneten Zustand im Mittelfeld eine »Pietà«, hier ist die Muttergottes mit geschorenen Haaren und in KZ-Kleidung dargestellt. Erhöht daneben sitzt der, der in Gottes Herz lebendig bleibt. Auf dem rechten Flügel sind die falschen Propheten zu sehen und links das unheimliche Meer, aus dem der Engel Gottes den die Wahrheit verkündenden Propheten herausreißt. Der geöffnete Altar ist ein Symbol für das offene Herz Gottes. Im geschlossenen Zustand ist der Veränderungen kündende Engel dargestellt und in der Predella die Vision eines neuen Daseins.

Bauzeit: um 1150
Umbau: 13. Jh.; 1490; 1698

Standort: Stadtforststraße 15 b
Konfession: evangelisch

Dölau – St. Nikolai et Antonii

Ebenso wie bei den Kirchen in Böllberg und Büschdorf verweist in Dölau (1950 nach Halle eingemeindet) das Nikolauspatrozinium darauf, dass die Kirche in der zweiten Hälfte des 12. Jahrhunderts durch eingewanderte Flamen und Friesen gegründet wurde. Die leicht erhöht gelegene Kirche ist noch heute Mittelpunkt des ehemaligen Dorfes und, da kein anderes Gebäude den Dreißigjährigen Krieg überstand, auch das älteste Bauwerk des Ortes. Die romanische Bruchsteinkirche besteht aus einem rechteckigen Saal mit einem geraden durchfensterten Chorschluss und einem bündig anschließenden querrechteckigen Westturm mit Satteldach. Bemerkenswert sind die romanische Zwillingsarkade an der Nordseite des Glockengeschosses und die Fünfpassfenster an drei Seiten des Kirchturmes. An der Nordseite des Saals ist das ursprüngliche rechteckige Portal mit monolithischem Sturz sehr gut zu erkennen. Noch in spätromanischer Zeit wurde die Kirche nach Osten das erste Mal verlängert und laut der Datierung des Sakramentshauses 1490 ein zweites Mal. 1698 erfuhr die Kirche durch größere Segmentbogenfenster und ein neues Dach im Äußeren eine sparsame Barockisierung. Auf dem Friedhof, der die Kirche umgibt, haben mehrere aus der Barockzeit stammende Grabmäler überdauert.

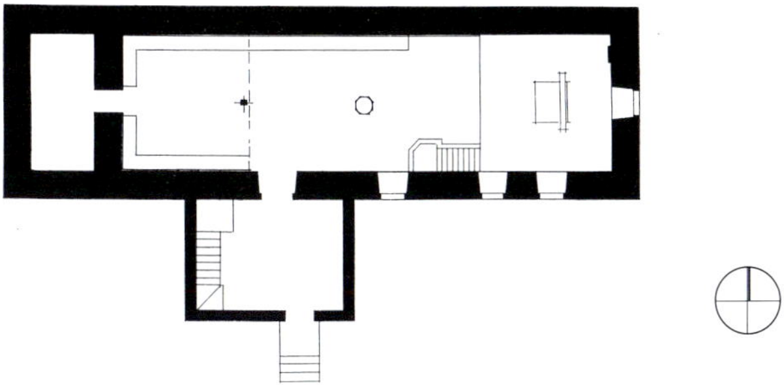

Bemerkenswert ist die in der nördlichen Seite des Chores erhaltene skulptierte Sakramentsnische mit Fialenaufsatz von 1490. Der dreiflüglige spätgotische Schnitzaltar wurde vermutlich um 1490 geschaffen, das Gesprenge wurde 1931 erneuert. Im Mittelschrein sind eine Mondsichelmadonna mit Kind und vier sie flankierende Heilige zu sehen, auf den Flügeln je vier in Zweiergruppen übereinander geordnete Heiligenfiguren. Die Predella, die Christus im Kreis seiner Jünger zeigt, stammt aus dem Jahr 1712.

In der Barockzeit wurde das Kircheninnere mit einer Kanzel, einem neuen Taufstein und einer Empore ausgestattet. Die um 1700 geschaffene achteckige steinerne Kanzel wird von einem schlanken polygonalen Fuß getragen. Geschmückt ist sie mit typischen barocken Ranken, Fruchtgehängen und Engelsköpfen. Bei einer farbigen Neufassung 1745 wurde der Kanzelkorb mit Darstellungen der vier Evangelisten und ihrer Symbole versehen. Der hölzerne Schalldeckel wird von der Symbolfigur des Pelikans bekrönt. Die kelchförmige polygonale Sandsteintaufe stammt laut Inschrift an ihrem oberen Rand aus dem Jahr 1700. Die dreiseitige hölzerne Empore fertigte der Baumeister Michael Bellin 1698, wovon noch heute eine Inschrift in der Westempore zeugt. Er wird wohl auch für den Umbau des Dachstuhles und der Decke verantwortlich gewesen sein. Die wertvolle Orgel des Johann Gottlob Maurers aus Leipzig wurde 1801 für die evangelische Dorfkirche in Ermlitz geschaffen (1804 vom Merseburger Orgelbaumeister Johann Gottlieb Krug fertig gestellt). Sie ist eine einmanualige Bachorgel mit 11 Registern und einer mechanischen Traktur. 1985 wurde sie durch die Orgelbaufirma Reinhard Hüfken aus Halberstadt nach Dölau umgesetzt und restauriert.

Von 1975 bis 1985 wurde die Kirche schrittweise umgebaut und saniert. Der südliche Vorbau wurde abgerissen und durch einen neuen ersetzt, das Dach neu gedeckt und im Inneren die Nordempore entfernt. Seit 2001 bildet die Dölauer Gemeinde mit Lieskau ein Kirchspiel.

Bauzeit: um 1150
Umbau: 1714; 1734–1736

Standort: Kirchstraße/Lieskau
Konfession: evangelisch

Dorfkirche Lieskau

Lieskau ist ein eigenständiges Dorf im Saalkreis, das unmittelbar an der nordwestlichen Stadtgrenze von Halle liegt. Seit dem Jahr 2001 bildet es mit dem zu Halle gehörenden Dölau ein Kirchspiel. In den Urkunden ist Lieskau seit 1182 nachweisbar. Die Kirche war bis 1555 eine Filiale von Lettin und gehörte von 1858 an zu der Kirche in Schiepzig. Wohl seit 1936 ist Lieskau eine eigene Pfarrei, wurde doch von 1936 bis 1938 das Pfarrhaus im Ort gebaut.

Die aus Bruchstein errichtet Saalkirche mit geradem Ostschluss stammt wahrscheinlich aus der zweiten Hälfte des 12. Jahrhunderts. Der quadratische Westturm mit rundbogigen Schallöffnungen und einem Zeltdach wurde vermutlich erst später angefügt. Eine in den Turm eingelassene Tafel berichtet davon, dass dieser 1696, 1697 und 1736 schrittweise auf die heutige Höhe gebracht worden war. 1714 wurde die Kirche um zwei Meter nach Süden erweitert. Dies ist durch das Vorspringen der Saalmauer am Turm deutlich zu erkennen. Bei einem Brand des Dorfes am 17. Februar 1734 wurde auch die Kirche bis auf ihre Mauern zerstört. Im Zuge des Wiederaufbaus bis 1736 erhielt sie ihre heutige Gestalt. Die Süd- und Ostseite wurden verputzt und durch Ecklisenen und ein Gesims gegliedert. Die Westseite blieb steinsichtig und hat im Gegensatz zu Süd- und Ostseite rechteckige Fenster.

Das Innere ist seit dem 18. Jahrhundert mit einer korbbogigen dunklen Holztonne überwölbt und mit einer über die West- und Nordseite laufenden Empore, einer Orgel, einem Gestühl und einer Kanzel ausgestattet. Die Brüstungsfelder der Empore zeigen einen typisch protestantischen Bildzyklus. An der linken Seite der Nordempore beginnend wird das Leben Jesu Christi, seine Kreuzigung und Auferstehung gezeigt. Die sich heute auf der Westempore befindende Orgel baute der hallesche Orgelbaumeister August Ferdinand Wäldner, der mit seinem Vater auch die Orgel des Domes in Halle errichtet hatte. Die mechanische Orgel mit acht Registern auf einem Manual und Pedal wurde am 1. Juni 1884 eingeweiht. Ursprünglich befand sich die Orgel auf einer kleinen Empore an der Ostseite über dem Altar. Als 1899 die Kirche umgebaut wurde, hatte man sie abgetragen und auf der Westseite neu aufgebaut. Beim Umbau wurde ebenfalls das Gestühl erneuert und die Ostseite mit einem farbigen Fenster (nicht erhalten) versehen. Wahrscheinlich wurde auch erst zu dieser Zeit hinter dem Altar eine hölzerne, circa 1,80 Meter hohe und mit Schnitzwerk durchbrochene Sakristeiwand eingebaut.

Das Altarretabel, welches aus zwei Bildtafeln zusammengesetzt ist, stammt aus dem 17. Jahrhundert. Das große Hauptbild zeigt den auferstandenen Christus, der Maria Magdalena, die unter einem Baum mit dem Salbgefäß in der Hand sitzt, begegnet. Auf dem giebelförmigen Aufsatz ist Christus als Salvator Mundi dargestellt. Die auf einer schlanken Säule stehende hölzerne polygonale Kanzel ist sparsam mit Renaissancedekor geschmückt und zeigt schreibende Männerfiguren. Ob diese die Evangelisten oder die lateinischen Kirchenlehrer darstellen, ist schwer zu entscheiden.

Seit 1970 wird die Kirche schrittweise saniert. Auch der Altarraum wurde in jüngster Zeit neu gestaltet. Seit dem Jahr 2000 sind ein siebenarmiger Leuchter und seit 2005 ein Taufstein des Lieskauer Metallgestalters Friedemann Knappe aufgestellt.

Bauzeit: 1997–1998

Standort:
Hans-Litten-Straße 5

Konfession: katholisch

Dölau – St. Maria Königin des Himmels

Die katholische Pfarrkirche in Dölau ist der jüngste Kirchenbau in Halle. Die Geschichte ihrer Gemeinde beginnt aber bereits in der Mitte des 19. Jahrhunderts. Im Zuge der Industrialisierung zogen viele katholische Landarbeiter aus dem Eichsfeld und aus Polen mit ihren Familien in die Gegend um Salzmünde. Sie arbeiteten vor allem auf den Gütern des Agrarunternehmers Johann Gottfried Boltze (1802–1868). Am 17. August 1868 legten Pfarrer Friedrich Wille (Amtszeit 1860–1872) und Vikar Schwirling den Grundstein für die katholische Kirche in Zappendorf. Diese wurde am 18. Juli 1872 durch Bischof Konrad Martin von Paderborn (1812–1879) der Hl. Elisabeth geweiht. 1953 wurde von Zappendorf aus eine Seelsorgestelle (Kuratie) in Halle-Dölau errichtet. Die Gemeinde feierte bis 1990 ihren Gottesdienst in einer Notkirche (umgebauter Tanzsaal).

Da nach 1990 immer mehr katholische Christen in die Wohngegend am Stadtrand von Halle zogen und das Gebäude der Notkirche zurückgegeben werden musste, entschloss sich das Bistum Magdeburg, in Dölau eine neue Kirche zu errichten. Am 15. November 1997 legte Theo Stolpe, Generalvikar des Bistums Magdeburg, den Grundstein für die Kirche und bereits ein gutes Jahr später, am 6. Dezember 1998, weihte Bischof Leo Nowak von Magdeburg (geb. 1929) die Kirche St. Maria Königin des Himmels. Das Gemeindezentrum, bestehend aus Kirche, Gemeinderäumen und einer Pfarrwohnung, entwarf der Architekt Reinhard Rüger (geb. 1934) aus Halle.

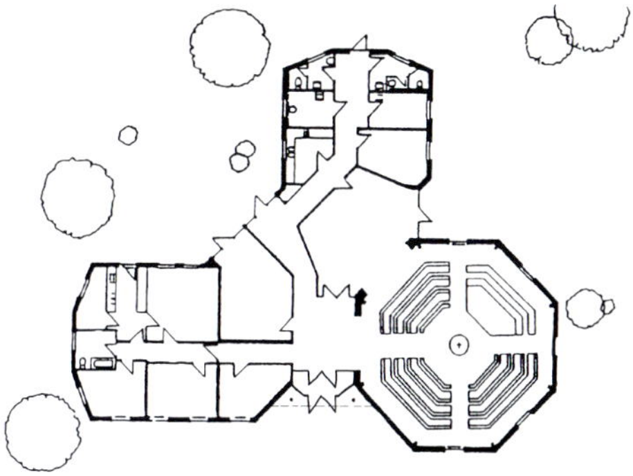

Der pavillonartige Zentralbau der Kirche erhebt sich über einem oktogonalen Grundriss. Winkelförmig schließen sich daran als eingeschossige Flügelbauten mit dreiseitigem Abschluss die Pfarrwohnung und die Gemeinderäume an und umfangen den kleinen rückwärtigen Pfarrgarten. Das Gemeindezentrum ist eine Holzfachwerkkonstruktion und soll in seiner offenen Gestaltung als Symbol für die offene Kirche stehen. Die Kirche ist von den angrenzenden Gemeinderäumen nicht getrennt und die großen Fensterflächen öffnen sie nach außen hin. Von der Magdeburger Künstlerin Maren-Magdalena Sorger (geb. 1950) wurden die in der Glasmalerei-Werkstatt Peters in Paderborn gefertigten Fensterbilder entworfen und gemalt. Sie zeigen Szenen aus dem Leben Marias, der Namenspatronin der Kirche. Links beginnend ist der Aufstieg der Seele Marias zu Gott dargestellt, der aber ebenso als Verweis auf das pilgernde Volk Gottes durch die Zeit, das von der Liebe Gottes geleitet wird, gedeutet werden kann. Das nächste Fenster zeigt die Verkündigung an Maria, anschließend ist das Magnifikat dargestellt, danach die Begegnung von Maria und Elisabeth und darauf folgend eine symbolische Darstellung der Geburt Christi. Beendet wird der Zyklus an der rechten Seite mit einer »Schwarzen Madonna«, die ihren toten Sohn im Schoß hält.

Das Achteck des Grundrisses der Kirche wird als Zeichen der Harmonie interpretiert. In der Raummitte unter dem Oberlicht ist der Altar aufgestellt und konzentrisch um ihn herum das Gestühl angeordnet. Hier ist der Beschluss des II. Vatikanischen Konzils (1962–1965), den Altar stärker in die Mitte der Kirchen zu rücken, sehr weitgehend umgesetzt worden. Das Kreuz, den Leuchter und den Tabernakel schuf der Magdeburger Metallgestalter Egon Sellin (geb. 1930). Die elektronische Orgel fertigte die Firma Hoffrichter aus Salzwedel.

Bauzeit: 2000 *Standort: Röntgenstraße 1*

Dölau – Dietrich-Bonhoeffer-Kapelle

Städtisches Krankenhaus Martha-Maria Halle-Dölau

Das von der Stadt Halle und dem Diakoniewerk »Martha-Maria Nürnberg« getragene Krankenhaus an der Dölauer Heide wurde 1936 als Lazarett errichtet. Nach 1946 wurde es als Waldkrankenhaus Dölau wiedereröffnet und fusionierte 1997 mit der vom Diakoniewerk 1947 gegründeten Kinderklinik am Saaleufer. Bei der Sanierung erhielt das Krankenhaus erstmals eine Krankenhauskapelle, die 2000 eingeweiht und nach Dietrich Bonhoeffer (1906–1945) benannt wurde.

Der über den unterirdischen Operationssälen gelegene Rundbau ist durch einen verglasten Gang mit dem Hauptgebäude verbunden. Auf der Ostseite ist ein halbkreisförmiger, mit lichtdurchlässigen Metallplatten verkleideter Raum angefügt, der durch Schiebetüren mit der Kapelle verbunden ist. Dadurch sind die Räume flexibel nutzbar und können auch als Tagungszentrum dienen. Große Glasflächen und Oberlichter lassen viel Licht in den Raum. Die Altarwand an der Westseite wurde von Professor Ludwig Ehrler (geb. 1939) entworfen und von den Designern Olaf Riedel und Ulrich Hörandel ausgeführt. Ähnlich einem Puzzle fügen sich 1.260 kleine Kreuze von unterschiedlichen Materialien und Farben zu mehreren großen Kreuzen zusammen. In gleicher Weise sind Altartisch, Ambo und Leuchterständer gestaltet.

Bauzeit: um 1200
Umbau: 1740–1742

Standort: Bartholomäusberg 3
Konfession: evangelisch

Giebichenstein – Bartholomäuskirche

Die um 1200 errichtete Kirche, deren Kirchsaal von 1740 bis 1742 neu gebaut wurde, liegt erhöht auf einer Porphyranhöhe über dem ehemaligem Amtsdorf Giebichenstein (1900 nach Halle eingemeindet). Bevor mit der Industrialisierung im 19. Jahrhundert die Gegend um das Dorf dicht bebaut wurde, war die Kirche weit über das Saaletal zu sehen. Das Amtsdorf liegt östlich der Burg Giebichenstein, die 968 in den Besitz des Erzbistums Magdeburg gelangte und von 1382 bis gegen 1500 sogar Hauptresidenz der Erzbischöfe von Magdeburg war. Die früheste Erwähnung des Dorfes findet sich für das Jahr 987. Wann aber das Amt Giebichenstein, zu dem bis zu 71 Dörfer gehörten, entstand, ist nicht genau festzustellen. Erzbischof Otto von Magdeburg inkorporierte Giebichenstein 1341 dem Kloster Neuwerk in Halle. Dort verblieb es für 200 Jahre und nach der Reformation ging das Kirchenpatronat an den Landesherren über. Der erste evangelische Pfarrer, der in der Kirche predigte, war Wolfgang Hansmann (Amtszeit 1534–1559). Als 1683 die Eltern Georg Friedrich Händels in der Kirche getraut wurden, hatte diese noch ihre mittelalterliche Gestalt.

Von der romanischen Kirche ist der Westquerturm aus Porphyrbruchstein erhalten. An ihn wurde 1740 bis 1742 die spätbarocke Kirche, ein lang gestreckter kreuzförmiger Zentralbau angefügt.

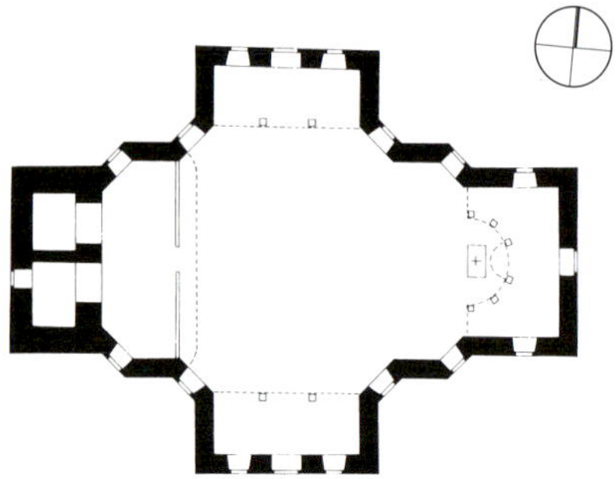

links: Blick auf das Orgelprospekt Heinrich Andreas Contius
rechts: Blick zum Kanzelaltar und zur Loge; Grundriss mit eingetragenen Emporen

Ursprünglich war der heute bruchsteinsichtige Außenbau verputzt. Zum sparsamen Baudekor gehören die Sandsteingewände mit Schlussstein der großen rechteckigen Fenster und die Wellengiebel über dem nördlichen und südlichen Eingang. Die Kreuzarme der Kirche stoßen aber nicht einfach aufeinander, sondern die Wände sind abgeschrägt, damit ein oktogonaler Raumkern entsteht. Überspannt wird das weiträumige Innere von einem verputzten Tonnengewölbe, das im Raumzentrum eine flache achtseitige Kuppel bildet. Das Gewölbe ist durch eine einfache, aber elegante Deckenstuckatur gegliedert. In den Seitenarmen wurden hölzerne Emporen untergebracht, deren Brüstungsfelder mit barocken Kartuschen verziert wurden. In ihnen sind Sinnsprüche des Glaubens, der Liebe und der Hoffnung und die entsprechenden Embleme zu lesen.

Die westliche zurückschwingende Orgelempore ist ebenso wie die nördliche und östliche Empore dekoriert. Erhalten geblieben ist das 1743 gefertigte barocke Orgelgehäuse mit Akanthus-Schnitzereien und musizierenden Putti des halleschen Orgelbauers Heinrich Andreas Contius. Den Prospekt und die Orgel stiftete der Amtmann Johann Christian Ochs von Ochsenstein. Die 1904 eingebaute pneumatische

Orgel (27 Register, 2 Manuale und Pedal) stammt aus der Werkstatt Wilhelm Rühlmann sen. (1842–1922) aus Zörbig. Die den Kanzelaltar im Osten halbkreisförmig umfassende Herrschaftsloge wurde erst im späten 18. Jahrhundert aufgestellt. Der Korb der Kanzel ist rokokohaft geschwungen und wird von zwei Säulen getragen, auf deren Gesims die vier Evangelisten mit ihren Symbolen als Freifiguren dargestellt sind (Fertigstellung 1745/46). Der Schalldeckel wird von einem auffliegenden Preußischen Adler mit den Initialen FR (Fridericus Rex) bekrönt, was an das damalige preußische Patronat erinnert. Lili Schultz (geb. 1895) und Herr Aßauer von den damaligen Kunstwerkstätten Giebichenstein fertigten 1935 ein neues Altarkreuz aus Silber und blauer Emaille mit der Inschrift *Gott war in Christus* und silbergeschmiedeten Weintrauben und Ranken. Der Altartisch und das Lesepult wurden 1979 nach dem Entwurf des halleschen Architekten Reinhart Rüger (geb. 1934) hergestellt.

Im Chorbereich ist ebenfalls ein barocker achtseitiger Taufstein aus Sandstein, gestiftet von Johann Lucas Bare, aufgestellt. In der Westvorhalle befindet sich das Epitaph des Amtmannes Johann Brandys (Amtszeit 1691–1704). Seine Porträtbüste wird von den Figuren Gerechtigkeit und Glaube flankiert. In den Außenmauern der Kirche sind aus verschiedenen Stilepochen Grabmäler eingelassen. Zum Beispiel die spätgotische Grabplatte des Adligen Hermann Kotze (gest. 1474) und die Renaissanceplatte von Leonhart Kotze (gest. 1560). Auf dem die Kirche parkartig umgebenden Friedhof finden sich noch weitere barocke Grabmäler und die Grabstätte des Salinedirektors, preußischen Hofkapellmeisters und Komponisten Johann Friedrich Reichardt (1752–1814). Er legte auch den östlich der Kirche liegenden Landschaftspark »Reichardts Garten« im englischen Stil an.

Von 1970 bis 1980 wurde die Kirche grundlegend saniert und umgestaltet. Dabei erhielt sie neben dem neuen Holzaltar eine eigens für sie entworfene neue Bestuhlung. Ebenfalls wurden die Wände und Emporen farbig neu gefasst. Zwischen 1990 und 2005 sanierte man die Kirche ein weiteres Mal umfassend. Dabei wurde ein bisher vermauerter romanischer Bogen zwischen Turm und Kirchsaal freigelegt. Gleichzeitig wurde das von 1925 bis 1927 errichtete angrenzende Gemeindehaus aufwendig erneuert.

Bauzeit: 1890–1891

Standort: Körnerstraße 19

Konfession: katholisch

Giebichenstein – St. Norbert

Im damals noch selbständigen Amtsdorf Giebichenstein (1900 nach Halle eingemeindet) wurde 1886 die Gründung der St. Norbert Missionsschule veranlasst, nachdem die Stadt Halle Kindern von außerhalb den Besuch der katholischen Stadtschule aus Kostengründen nicht mehr gestattete. Mit dem Bau der Schule entwickelte sich unter den Katholiken in und um Giebichenstein das katholische Leben. Der hallesche Architekt Kretzke entwarf den ersten katholischen Kirchneubau nach der Reformation in Halle. Am 19. März 1890 erfolgte die Grundsteinlegung. 1891 wurde die Kirche fertig gestellt und am 6. Juli 1893 dem Hl. Norbert von Xanten, der von 1129–1134 Erzbischof von Magdeburg war, geweiht. Eine neogotische Sandsteinfigur des Heiligen von 1890 befindet sich über dem Portal der ehemaligen Schule, die seit 1914 als Pfarrhaus dient. 1913 wurde die Gemeinde zur Pfarrei erhoben.

Die zweischiffige Hallenkirche aus gelbem Backstein in schlichten neogotischen Formen mit geradem Chorschluss und der 1938 östlich angefügten Sakristei steht in einer die Straße beherrschenden Ecklage. Der asymmetrisch angeordnete Glockenturm mit drei Bronzeglocken kam 1963 hinzu. Das Kircheninnere mit flacher Holzbalkendecke und Kreuzrippengewölbe mit Chor und Orgelempore wurde vielfach verändert. Die reiche Ausgestaltung des Raumes im neogotischen Stil

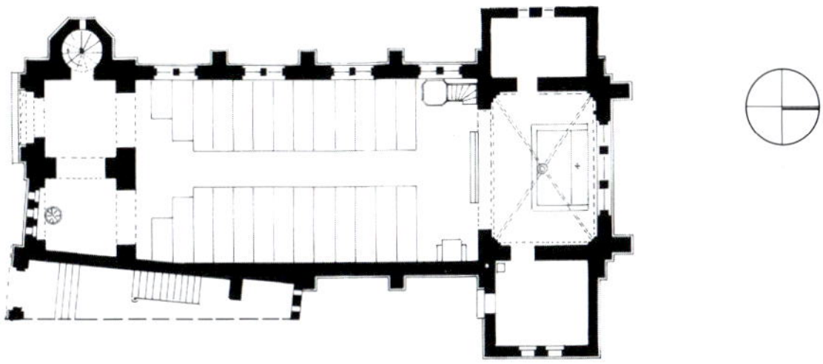

mit ornamentalen Wandmalereien ist 1934, dem Zeitgeschmack folgend, einer größeren Schlichtheit des Raumes gewichen. 1945 wurden die drei hohen Fenster im Chorabschluss zerstört und daraufhin vermauert. Für die neu entstandene Fläche schuf 1946 das hallesche Künstlerehepaar G. und F. Leweke eine Gnadenstuhldarstellung, die 1964 durch das große Putzmosaik mit der Wiederkunft Christi ersetzt wurde. In Motiv, Ausführung und Größe ist es ein für die Region seltenes Kunstwerk von hohem Rang. Pastellfarbene Wände und helle Fenster geben heute dem Raum eine optische Weite und lassen die leuchtenden Farben des Altarbildes klar hervortreten. Altarkreuz und Tabernakel wurden 1934 als Einheit von einer Werkstatt in der damaligen Kunstgewerbeschule Burg Giebichenstein geschaffen. Die Vorderseite des aus verschiedenen Metallen gefertigten Altarkreuzes, das auf einem schreinartigen Fuß mit Evangelistensymbolen steht, zieren Halbedelsteine. Während der österlichen Bußzeit wird es auf die schmucklose Seite gewendet. Im Zuge der Liturgiereform des II. Vatikanische Konzil (1962–1965) wurde 1969 ein schlichter Altartisch aufgestellt und der Tabernakel, eine Emaillearbeit, in die Wand eingefügt. An exponierter Stelle rechts vom Altarraum befindet sich eine Marienstatue aus Lindenholz, die 1947 Fritz Leweke (1901–2001) nach Vorbild einer spätmittelalterlichen Muttergottesfigur aus dem Rothenschirmbacher Altar schuf.

Unter der Statue des Hl. Norberts am Mittelpfeiler der Orgelempore steht in einer vergitterten Nische ein Reliquienschrein in Emaille von 1959 mit Reliquien des Heiligen aus dem Kloster Steinfeld/Eifel, die im 18. Jahrhundert aus dem Kloster Strahov bei Prag dorthin gelangt waren. Gisela Leweke-Weyde (geb. 1894) schuf 1945 den Kreuzweg (Holztafeln, Öl auf Blattgold). Bemerkenswert ist die Orgel mit im Dachstuhl unsichtbar aufgestelltem Pfeifenwerk (Orgelbauer Petersilie/Langensalza) von 1892, die zwar erhalten ist, aber stillgelegt werden musste. 1989 wurde eine Orgel aus der Werkstatt Sauer (12 Register, 2 Manuale und Pedal, Traktur: mechanisch) eingebaut. 1988 erfolgte eine große Renovierung der Kirche.

Bauzeit: 1720–1723

Standort: Schulplatz 4

Konfession: evangelisch

Halle-Neustadt – Kirche Passendorf

Passendorf, 1091 als Besitz der Merseburger Bischöfe erstmals urkundlich erwähnt, wurde für den 1964 begonnenen Bau der Chemiearbeiterstadt Halle-West (später: Halle-Neustadt) fast vollständig abgerissen. Verschont blieben lediglich einige historisch bedeutende Gebäude wie das Passendorfer Schlösschen und die Passendorfer Kirche. Anders als geplant, wurde die ehemalige Dorfkirche zum Versammlungsort der evangelischen Gemeinde der Neubaustadt. Am 1. August 1967 wurde die »Kirchengemeinde Halle-Neustadt« gegründet, die heute die größte evangelische Gemeinde der Stadt Halle ist. Seit dem 1. Januar 1998 bildet sie mit der Gemeinde Nietleben ein Kirchspiel. Wann das erste Gotteshaus an der Stelle der heutigen Kirche in Passendorf errichtet wurde, ist unbekannt. Lediglich durch eine Inschrift am Kirchturm ist überliefert, dass der hölzerne Vorgängerbau 1505 vollendet war. Am Anfang des 18. Jahrhunderts gab der Gutsbesitzer C. G. von Goldstein, dessen Familie über Jahrhunderte Besitzer von Passendorf war, ein neues Kirchengebäude in Auftrag. Von 1720 bis 1723 errichtete der Architekt und Bildhauer Christian Trothe (1676–1732) die heutige Saalkirche. Die Familie Trothe gehörte neben den Hoppenhaupts zu den Hofkünstlern der Merseburger Residenz. Sie prägte die regionale Ausformung des Barocks mit. Der Sohn Trothes, Johann Christian, stattete zum Beispiel die Beesener Kirche aus.

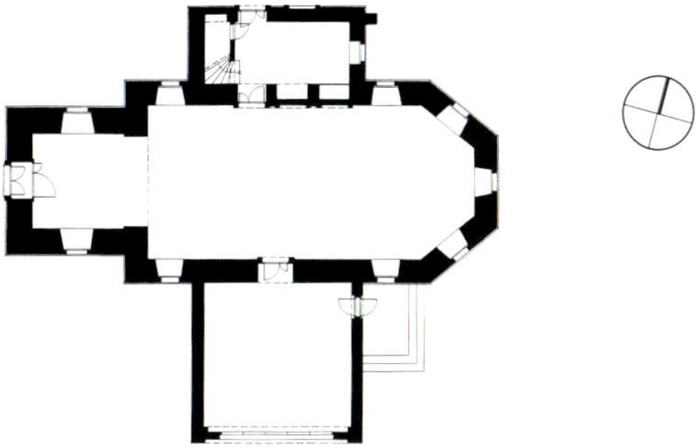

Der verputzte Rechteckbau der Passendorfer Kirche ist durch Lisenen gegliedert, hat einen dreiseitigen Chorschluss, hohe Stichbogenfenster mit Sandsteingewänden und Schlusssteinen sowie einen quadratischen Westurm, der 1877 erhöht wurde und ein Spitzdach erhielt. Dabei wurde auch die in Glaucha gegossene neue Glocke installiert.

Im nördlichen Vorbau ist die Patronatsloge untergebracht, die die Gutsbesitzerfamilie durch seperate Eingänge im Erdgeschoss erreichte. Von Christian Trothe stammte ebenfalls die gesamte Innengestaltung der Kirche. Erhalten geblieben sind davon lediglich die Deckenstuckaturen aus einem flächendeckenden Ornament aus schmalen, vielfältig gebrochenen und gerundeten Bändern, durchsetzt mit Akanthus und Blütengehänge, sowie die floral dekorierte Sandsteinrahmung der Patronatsloge. Am Deckenspiegel brachte der Dresdner Maler Michael Schwill (geb. 1932) 1998 ein neues Gemälde an. Bei einer Neugestaltung der Kirche, die 1877 beendet war, wurde die Gruft unter der Kirche geschlossen, die Emporen umgebaut, eine Orgel vom halleschen Orgelbaumeister August Ferdinand Wäldner (1817–1905) eingebaut und ein neues Kirchengestühl aufgestellt.

Als die Kirche von 1969 bis 1972 instand gesetzt wurde, hatte man das barocke Inventar ausgeräumt. Es handelte sich dabei um den Kanzelaltar, die Stübchen im Chor der Kirche und die Epitaphe an den Wänden. Ebenfalls wurden die Orgelempore, die Orgel und das Gestühl von 1877 entfernt. Vom barocken Inventar ist die mit Schnitzwerk verzierte hölzerne Lesetaufe komplett erhalten geblieben. Der spätgotische Schnitzaltar von 1510 befindet sich zurzeit als Leihgabe in der Moritzkirche. Im Zuge der Renovierung wurde der südliche Anbau durch einen neuen ersetzt. Die hier entstandene Räumlichkeit wird von der 1975 gegründeten Kantorei mit Chor und Posaunenchor genutzt. Anfang der 90er Jahre begannen erneut umfassende Sanierungsmaßnahmen, von deren Abschluss am 11. August 2003 die neu vergoldete Turmkugel kündet.

Bauzeit: 1884–1886

Standort: Platz der Einheit

Konfession: evangelisch

Halle-Neustadt – Kirche Nietleben

Die Gemeinde des ab 1371 urkundlich nachweisbaren Dorfes Nietleben feierte erst am 28. Oktober 1886 den ersten Gottesdienst in ihrer eigenen, mitten im Dorf gelegenen Kirche. Zuvor nutzten die Nietlebener seit dem Mittelalter das anderthalb Kilometer entfernte Gotteshaus in Granau. Im Jahr 1182 wurde Granau durch Erzbischof Wichmann von Magdeburg (vor 1116–1192) dem Kloster Neuwerk in Halle inkorporiert. Mit der Einführung der Reformation 1561 bildete Granau mit Nietleben bis 1890 eine Filialgemeinde von Lettin. Durch den Dreißigjährigen Krieg wurde Granau vollständig zerstört und allein die von den Nietlebener genutzte Kirche 1645 wieder aufgebaut.

Als man 1826 begann, Kohlevorkommen in Nietleben abzubauen und sich Folgeindustrie ansiedelte, wuchs die Bevölkerung sprunghaft an, so dass der Ort in kürzester Zeit zum größten Saalkreisdorf wurde. Seit 1950 gehört der Ort zu Halle. Für die stark gewachsene Gemeinde wurde die Granauer Kirche bald zu klein und so beauftragte sie 1884 den Königlichen Baurat Otto Kilburger (1830–1913) mit dem Bau eines neuen Gotteshauses in Nietleben. Kilburger, der gleichzeitig Universitätsarchitekt in Halle war, entwarf eine ebenso zweckmäßige wie wirkungsvolle protestantische Predigtkirche. Der Zentralbau über achteckigem Grundriss mit halbrunder Chorapsis aus Backstein orientiert sich am Typus der byzantinischen Kirche

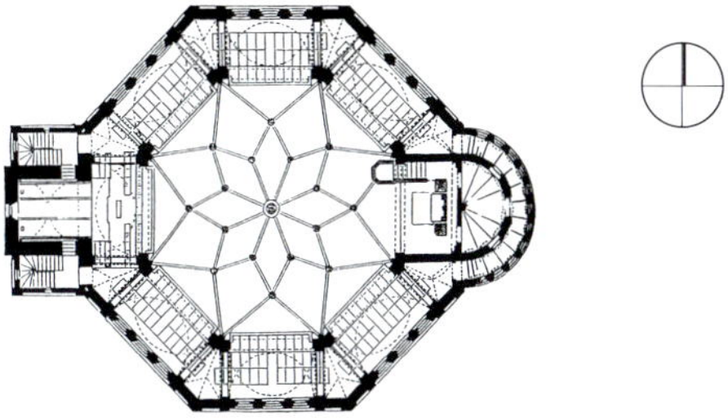

San Vitale in Ravenna. Kilburger trat wohl auch in Austausch mit Ludwig von Tiedemann, der 1882 bis 1883 die kleine Zentralkirche der Universitätskliniken baute.

Die reiche Gliederung des Äußeren mit Lisenen-, Blend- und Bogenfriesen sowie der charakteristische Rautenhelm lehnen sich stilistisch an Bauten der oberitalienischen und der rheinischen Spätromanik an. Der sich westlich anschließende Glockenturm nimmt seit 1922 drei Stahlglocken mit dem Dreiklang F, As und C der Firma Ulrich und Weule aus Apolda auf. Der oktogonale Hauptraum, den man von Westen her betritt, wird durch einen Rippenstern überwölbt und von einem Kranz aus acht Tonnengewölben umgeben. Diesen Kranz füllt eine umlaufende hölzerne Empore, die über zwei im Turm liegende Treppen und zwei Treppen, die den hinter der Altarnische liegenden Sakristeiraum ringförmig umschließen, zu erreichen ist. Auf der Westempore befindet sich die 1886 eingeweihte Orgel des Merseburger Orgelbauers Friedrich Gerhardt (1826–1922). Die 12 Register auf zwei Manualen und Pedal umfassende Orgel arbeitet mit einer halb pneumatischen und halb mechanischen Spielweise. Neben der Bestuhlung ist in der Kirche die historische Verglasung vollständig erhalten. Im Mittelfenster der Altarnische ist ein segnender Christus dargestellt. Die anderen Fenster sind ornamental geschmückt. Der Altar mit Kreuz und Baldachin aus Sandstein sowie die Kanzel wurden bei einer Umgestaltung 1963 durch einen hölzernen Altar und eine niedrige hölzerne Kanzel ersetzt. Als die Kirche 1886 eingeweiht wurde, gab man die Kirche in Granau, die heute eine Ruine ist, auf. In der Nietlebener Kirche erinnert nur noch das lebensgroße Kruzifix von 1792 an sie.

1890 wurde Nietleben eine eigene Pfarrgemeinde und bildet seit 1998 mit der Gemeinde Halle-Neustadt ein Kirchspiel. Der Architekt Otto Kilburger baute von 1891 bis 1893 mit St. Stephanus in Halle eine weitere Kirche, bei der es sich um einen eher konventionelle längsgerichteten Bau handelt.

Bauzeit: 1793

Standort: Zum Planetarium
Konfession: evangelisch

Kanena – St. Stephanus

Das 1950 nach Halle eingemeindete Dorf Kanena wird in einer Urkunde von 1182 erstmalig erwähnt. In dieser Urkunde bestätigte Erzbischof Wichmann von Magdeburg (vor 1116–1192) dem Kloster Neuwerk Landbesitz in Kanena. Kurze Zeit später wurde das Dorf aber Domäne des 1184 durch Erzbischof Wichmann gegründeten zweiten halleschen Augustinerchorherrenstiftes – dem Moritzkloster.

Nach der Reformation wurde die Kirche in der Mitte des 16. Jahrhunderts eine Filiale der St. Nikolaus Kirche von Büschdorf. Seit dem 18. Jahrhundert war sie eine Filiale der St. Anna Kirche von Dieskau. Mit dem Wachsen des Dorfes gegen Ende des 19. Jahrhunderts bemühte sich die Gemeinde um einen eigenen Pfarrer. Diese Pläne einer eigenen Pfarrgemeinde mussten 1940 aufgegeben werden und die Kirche blieb bis heute eine Filiale von Dieskau.

Vermutlich hat die südlich im Dorf gelegene Kirche einen romanischen Vorgängerbau, der dem Hl. Stephanus geweiht war. Die heutige Kirche errichtete man entsprechend der Inschrift über der Eingangspforte und der Jahreszahl in der Wetterfahne 1793. Die aus Bruchsteinen gebaute barocke Kirche besteht aus einem rechteckigen Saal mit geradem Chorschluss und bogig abschließenden Rechteckfenstern, die durch Putzfaschen gerahmt werden, sowie einem eingezogenen Westturm mit quadratischem Grundriss. In der Höhe des Walmdachabschlusses wurde dem Turm ein achteckiges Prisma aufgesetzt, das von einer schiefergedeckten geschweiften Haube bekrönt wird. Das ursprüngliche Geläut bestand aus zwei Bronzeglocken, von denen eine für Kriegszwecke eingeschmolzen wurde. Die noch erhaltene Glocke wurde 1843 gegossen. Welche Funktion die Pforte in der östlichen Chorwand hatte, ist nicht geklärt, denn die Kirche wird seit dem 18. Jahrhundert über den Eingang an der Nordseite betreten.

Im Inneren, das von einer verputzten Holztonne überwölbt wird, ist die schlichte einheitliche Ausstattung des Barocks vollständig erhalten geblieben. Der Kanzelaltar ist sparsam mit barockem Schnitzwerk und Vasenaufsätzen verziert. Auf den Schalldeckeln ist illusionistisch das »Auge Gottes«, umgeben von einem Strahlen- und Wolkenkranz, gemalt. Über dem Schalldeckel ist das gleichseitige Dreieck als Sinnbild für die Heilige Dreifaltigkeit im Strahlenkranz zu sehen. An der Nord-, West- und Südseite verläuft eine hölzerne, kassettierte und farbig gefasste Empore. Auf der nach vorn schwingenden Orgelempore ist 1898 eine zweimanualige Orgel von Wilhelm Rühlmann sen. (1842–1922) aufgestellt worden. Sie ist das 361. Werk Rühlmanns und wurde 1982 überarbeitet. Der Orgelprospekt stammt ebenfalls aus dem 18. Jahrhundert und ist mit Tuchgehängen und Palmen verziert. Unterhalb der Nord- und Südempore befindet sich das originale Kirchengestühl. Ob die Messingtaufschale ebenfalls aus dem 18. Jahrhundert stammt, ist nicht bekannt. Sie zeigt in Treibarbeit eine Darstellung des Hl. Georg und Zierrat aus Fruchtgirlanden und Engelköpfen. Die Schweifhaube des Turmes wurde 1995 neu schiefergedeckt und der Turm 2004 saniert. Im Jahr 2002 ist ebenfalls der Innenraum erneuert worden.

Bauzeit: 1900–1901

Standort: An der Petruskirche

Konfession: evangelisch

Kröllwitz – Petruskirche

Kröllwitz, das nordwestlich von Halle im Saalebogen liegt, war bis zur Eingemeindung nach Halle im Jahr 1900 ein Beidorf von Giebichenstein und die Gemeinde wurde vom Pfarramt der Bartholomäuskirche betreut. Mit der Industrialisierung im 19. Jahrhundert wuchs die Gemeinde so stark an, dass sie nicht mehr ausreichend durch die Bartholomäusgemeinde versorgt werden konnte. Seit 1882 bemühte sich die Gemeinde in Kröllwitz um die Errichtung einer eigenen Kirche. 1892 erhielt sie zunächst einen eigenen Pfarrer, und am 6. März 1900 konnte der Grundstein für die Kirche gelegt werden. Errichtet wurde sie gegenüber der Burg Giebichenstein, hoch auf dem Tannenberg am Ufer der Saale gelegen. Bereits am 19. September 1901 wurde sie als Petruskirche eingeweiht, womit man die Reihe der halleschen Apostelkirchen weiterführte.

Entworfen und ausgeführt hat sie der aus Lübeck stammende Architekt Johann Matz, der auch am Bau der Pauluskirche beteiligt war. Aufgrund ihrer Lage auf dem Porphyrfelsen ist die Kirche nicht geostet. Der Altar befindet sich im Norden und der Turm im Süden. Die architektonische Formensprache der dreischiffigen kreuzgratgewölbten Backsteinkirche mit dreiseitigem Chor orientieren sich an der märkischen Hochgotik. Am Turm (45 Meter hoch), der durch die erhöhte Lage der Kirche stadtbildprägend ist, befindet sich das Hauptportal. Es wird durch zwei Treppentürme gerahmt, in welchen

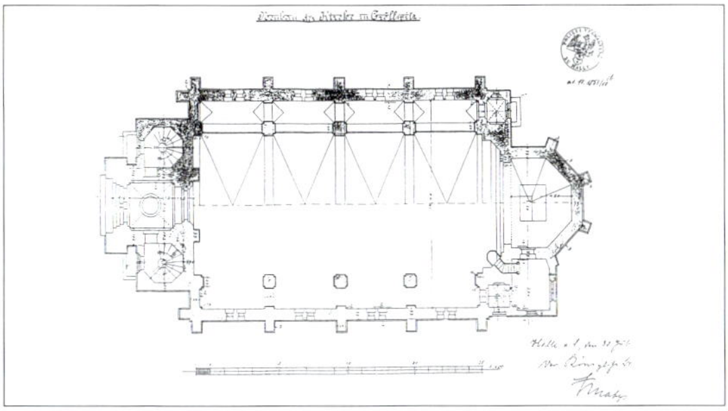

die Emporenaufgänge untergebracht sind. Das ursprüngliche Geläut fiel beiden Weltkriegen zum Opfer. Am 12. April 1959 wurde in einem Festgottesdienst das heutige aus drei Bronzeglocken (1672 aus Kühnhausen bei Erfurt und 1925, 1930 Firma Schilling Apolda) bestehende Geläut geweiht. Im Inneren sind die Pfeiler, Gurtbögen und Fensterrahmungen mit roten Formsteinen verblendet, die sich deutlich vom Weiß der Wände und des Gewölbes abheben.

Die Kirche ist mit einer dreiseitigen die Seitenschiffe füllenden Empore ausgestattet. Auf der Südseite wurde 1901 eine Rühlmann-Orgel aufgestellt, die seit 1936 nach einer Umdisponierung durch die Orgelbauanstalt Sauer aus Frankfurt/Oder 28 Register auf zwei Manualen und Pedal umfasst (Traktur: elektro-pneumatisch). Ursprünglich war die um drei Stufen erhöht liegende Apsis mit einem ornamental gestalteten Sockel ausgestattet und der große Altarbogen als Triumphbogen bemalt (heute überstrichen). Rechts am Apsisbogen befindet sich die hölzerne polygonale Kanzel. Auch Altar, Kreuz und Taufstein entwarf der Architekt Johannes Matz. Sie wurden aus weißem Kalkstein von Em. Schober gefertigt und an der Rückwand des Altarraumes aufgestellt. Der heutige Altartisch wurde 1961 aus Nebraer Sandstein ausgeführt. Das Kreuz schuf 1942 der Kröllwitzer Kirchenmaler Fritz Leweke (1901–2001). Auf vergoldetem Grund ist der gekreuzigte Christus dargestellt und umlaufend ein Satz aus dem Glaubensbekenntnis angebracht, der durch die vier Seitengemälde illustriert wird. Die drei Altarfenster zeigen in der Mitte die Auferstehung Christi und rechts und links Szenen aus dem Leben des Apostel Petrus. Gestiftet wurden sie von Herrn L. Winter, Herrn G. Kathe und Frau Banse.

Zum Zweck der Erhaltung und Sanierung der Kirche gründete sich 1996 der Förderkreis Petruskirche Halle Kröllwitz. 1997 bis 2000 konnte das Dach des Turmes und des Kirchenschiffs wieder mit Schiefer eingedeckt und ab 2001 der Innenraum saniert werden. Weiterhin wurden die acht großen Seitenfenster ab 2000 restauriert.

Bauzeit: um 1150
Umbau: 1714/15

Standort: Nordstraße 2
Konfession: evangelisch

Lettin – St. Wenzel

Die Ursprünge des 1950 nach Halle eingemeindeten Ortes Lettin gehen auf die Salwische Besiedlung der Gegend im 7. und 8. Jahrhundert zurück. Am Beginn des 9. Jahrhunderts errichteten die Franken hier ein Kastell, da die erhöhte Lage des Ortes strategisch günstig war. Wann die erste hölzerne Kirche am heutigen Standort gebaut wurde, ist nicht mehr nachzuvollziehen. Der rechteckige romanische Saal mit Westquerturm, der ein Satteldach trägt, ist vermutlich in der zweiten Hälfte des 12. Jahrhunderts errichtet worden und als Kleinquaderbauwerk ausgeführt. Noch heute liegt die Kirche an erhöhter Stelle im Zentrum Lettins und ist von einem alten Kirchhof umgeben. Gut erhalten ist der romanische Charakter der Kirche. Bemerkenswert sind die romanischen Schallöffnungen des Glockengeschosses in Form der Doppelarkade. Ebenfalls sind zum Teil die kleinen romanischen Fenster und an der Nordseite eine heute vermauerte Pforte noch vorhanden. Im Inneren ist zwischen Turm und Schiff die Doppelarkade erhalten.

Um 1680 wurden an der Nordseite große Rechteckfenster eingebrochen und der Bau nach Osten verlängert. Den dreiseitigen Chorabschluss erhielt die Kirche 1714/15. Der südliche Vorbau mit dem heutigen Eingang ist aus jüngerer Zeit und wurde 1998 letztmalig saniert. Unmittelbar neben dem Eingang in die Kirche ist eine Plastik des Hl. Wenzels, dem Namenspatron der Kirche, angebracht. Die farbig gefasste Holzplastik, umgeben von einem Holzbaldachin aus der Zeit um 1500, zeigt Wenzel als Ritter mit dem böhmischen Wappentier. Das Kircheninnere wird von einer kassettierten Holzdecke überspannt und ist wohl seit der Mitte des 17. Jahrhunderts mit einer dreiseitigen Empore ausgestattet. Die Empore verläuft über die West-, Nord- und Ostwand. An der Nordseite ist sie doppelgeschossig. Laut Inschrift erstellte 1683 Johannes Tobias Kopf den umfassenden Emporenbilderzyklus. Es handelt sich dabei um einen typisch protestantischen Bildzyklus des 17. Jahrhunderts, der nach grafischen Vorlageblättern erstellt wurde und Szenen aus dem Altem Testament und der Passion Christi zeigt. Womöglich schuf Johannes Tobias Kopf für die Familie Simon Boltze auch das gemalte Epitaph mit der Darstellung des Jüngsten Gerichts. Die Orgel auf der Westempore fertigte 1860 August Ferdinand Wäldner (1817–1905) aus Halle (8 Register, 1 Manual und Pedal, Traktur: elektrisch). Das dreiflüglige geschnitzte Altarretabel entstand um 1470. Im Mittelschrein ist eine Mondsichelmadonna mit Kind zu sehen, die von acht Heiligen umgeben ist. Auf den Innenseiten der beiden Flügel sind die zwölf Apostel dargestellt. Hinter dem Altar befindet sich eine Sakramentsnische mit gotischer Architekturrahmung und einem schmiedeeisernen Gitter. Aus dem Jahr 1715 stammt die kelchförmige achteckige Sandsteintaufe mit breitem Schaft. An der Südseite zwischen den Fenstern ist erhöht eine hölzerne polygonale Kanzel mit einem bemalten Schalldeckel angebracht. Neben ihr an der Wand befindet sich ein überlebensgroßes Kruzifix aus der Zeit um 1520, unmittelbar darunter ein Ölgemälde von 1545 mit der Darstellung der Auferstehung Christi. Es ist die bemerkenswerte Arbeit eines niederländisch beeinflussten mitteldeutschen Meisters.

Von 1992 bis 1993 wurden das Außenmauerwerk, die Fenster und die Schallarkaden der Kirche erneuert.

Bauzeit: um 1200
Umbau: 1712; 1896–1897

Standort:
Willi-Dolgner-Str. 1

Konfession: evangelisch

Mötzlich – St. Pankratius

Die dem Hl. Pankratius, einem der Eisheiligen und der 14 Nothelfer, geweihte Kirche findet bereits am 5. Juli 1121 in einer Urkunde Erwähnung. In dieser bestätigt Erzbischof Rüdiger von Magdeburg (Amtszeit 1119–1125) dem Kloster Neuwerk in Halle die Schenkungen seines Vorgängers. Bis 1520 sollten Mötzlich und seine Kirche Besitz des Klosters bleiben. In der Mitte des 16. Jahrhunderts trat die Gemeinde zum protestantischen Glauben über, und ihr erster evangelischer Pfarrer war Michael Schaffer (Amtszeit 1558–1562). Durch Eingemeindung kam Mötzlich 1950 nach Halle.

Von der um das Jahr 1200 errichteten, mitten in einem Friedhof gelegenen romanischen Bruchsteinkirche ist lediglich der untere Teil des Westquerturmes erhalten, auf dessen Süd- und Westseite romanische Plattenfenster mit Passöffnungen zu finden sind. Bemerkenswert sind die beiden eine Doppelarkade tragenden romanischen Kantensäulen, die sich zwischen Turmraum und Kirchsaal befinden, und die Mittelsäule, die mit Ecksäulchen und Blattkapitellen verziert ist. Von 1712 bis 1713 wurde die Kirche unter der Leitung des königlich-preußischen geheimen Rats Christian Friedrich von Braun grundlegend umgebaut. Die Saalkirche erhielt einen dreiseitigen Ostabschluss und hohe Rundbogenfenster und der Turm ein Walmdach. Innen wurde die flach gedeckte Kirche mit einem Kanzelaltar, Patronatsgestühl im Chorbereich und einer dreiseitigen Empore ausgestattet.

Ein zweites Mal wurde die Kirche unter der Leitung des Gemeindekirchenrates und des Architekten Karl Hernsdorf aus Halle von 1896 bis 1897 (Einweihung am 4. 2. 1898) aufwändig umgestaltet. Neben

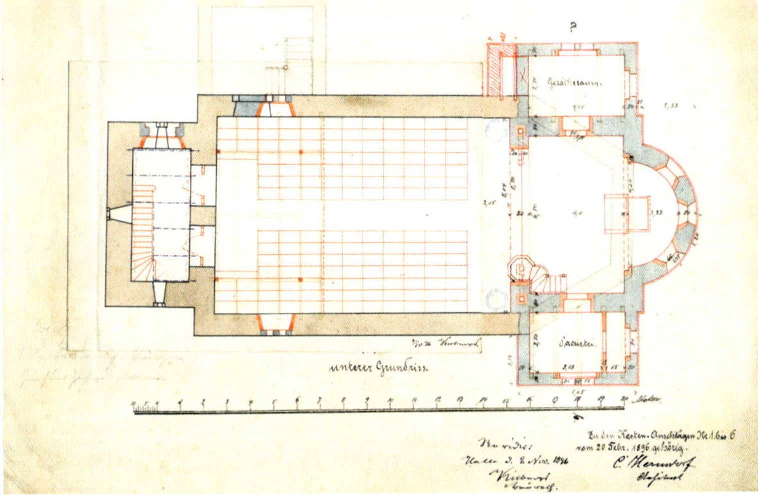

dem Turm blieben allein die beiden Seitenwände der Kirche bestehen. Der dreiseitige Chorabschluss wurde abgetragen und dafür ein eingezogener Chorquadratraum mit halbrunder, durchfensterter Apsis angefügt. Weiterhin sind an den Chorraum eine Sakristei und ein Geräteraum angegliedert. Der Turm erhielt einen quadratischen Aufsatz mit Zwillingsfenstern und eine hohe, weit über das Land sichtbare Turmspitze (gesamte Turmerhöhung: 18 Meter). Das nach dem Umbau vervollständigte Geläut aus Bronzeglocken wurde in den 20er Jahren durch drei Stahlglocken ersetzt.

In Anlehnung an spätromanische Kirchen wurden die Anbauten und der Turmaufsatz mit Lisenen und Bogenfriesen gegliedert. Trotz der romanisierenden Architektursprache setzen sich die Anbauten, schon wegen des regelmäßigen Quermauerwerks, deutlich von der älteren Kirche ab. Beim Umbau wurde ebenso das Kircheninnere völlig neu gestaltet. Bestimmt wird es seither durch den dunklen Holzton der Balkendecke, der Orgelempore, des Gestühls und der erhöht stehenden Kanzel. Die 1880 von Wilhelm Rühlmann sen. (1842–1922) gebaute mechanische Orgel, die 14 Register auf zwei Manualen zählt, wurde jedoch übernommen und ist bis heute fast unverändert erhalten geblieben. Die Buntglasfenster der Apsis, die in der Mitte Christus sowie rechts Matthäus und links den Jünger Thomas zeigen, fertigte die Glasmalereiwerkstatt Ferdinand Müller aus Quedlinburg. Ebenfalls aus dem Ende des 19. Jahrhunderts stammen der Altar, die Kron- und Wandleuchter, das Taufbecken aus Sandstein und das Lesepult. Die St. Pankratius Kirche ist damit eine der wenigen halleschen Kirchen, in der sich eine Kirchenausstattung vom Ende des 19. Jahrhunderts vollständig erhalten hat. Selbst die florale Ausmalung der Umbauzeit ist noch vorhanden.

Bauzeit: um 1150
Umbau: 1680

Standort: Werderstraße 8
Konfession: evangelisch

Radewell – St. Wenzel

Als Kaiser Otto II. (955–983) am 5. Juni 973 die Schenkung der Gaue »nudzici« und »neletici« an das Moritzkloster des Erzbistums Magdeburg durch seinen Vater bestätigte, wurde in dieser Urkunde unter anderen Radewell als Burgwartort genannt. Womöglich wurde hier schon im 11. Jahrhundert eine Kirche zur Christianisierung der slawischen Gebiete östlich der Saale errichtet. Die heutige Kirche, die dem Hl. Wenzel geweiht ist, dürfte aber erst im 12. Jahrhundert errichtet worden sein. Sie unterstand dem Magdeburger Moritzkloster, von dem aus die Christianisierung der Gebiete östlich der Elbe und Saale geleitet wurde. Erzbischof Wichmann von Magdeburg (vor 1116–1192) stattete im Jahr 1184 das von ihm gegründete Moritzkloster in Halle mit der Pfarrkirche Radewell und ihren drei Kapellen in Döllnitz, Wörmlitz und Beesen aus. Mit der Auflösung des Moritzklosters in Halle kamen seine Besitzungen zunächst zu dem 1520 durch Kardinal Albrecht von Brandenburg (1490–1545) gegründeten »Neuen Stift« und bei dessen Auflösung 1541 an das Amt Giebichenstein. Als ersten evangelischen Pfarrer nennt die Kirchenchronik Michael Peitzsch aus Schkeuditz (Amtszeit 1589–1631), obwohl bereits 1561 die Kirchenvisitation in Radewell durchgeführt wurde.

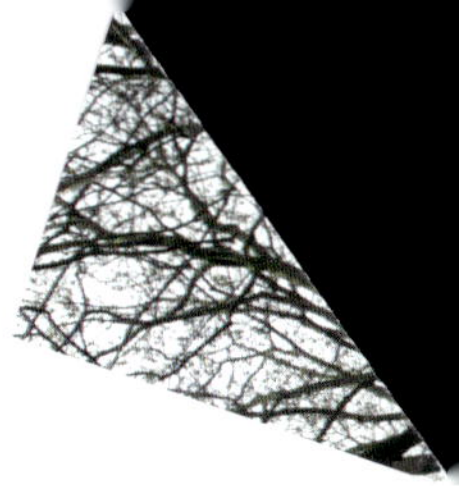

1950 kam Radewell durch Eingemeindung nach Halle. Die östlich im Ort gelegene Kirche ist ein Saal mit einem sich in gleicher Breite anschließenden Westquerturm aus verputztem Bruchsteinmauerwerk. An der südlichen Turmseite haben sich romanische Schlitzfenster und ein Rundfenster erhalten. Das Glockengeschoss mit Rundbogenfenstern als Schallöffnungen und das Walmdach des Turmes wurden erst bei einer Umgestaltung der Kirche im Jahr 1680 aufgesetzt. Die drei Hartgussglocken kaufte die Gemeinde 1972 von der profanierten St. Stephanus Kirche in Halle. Die Kirche erhielt 1680 auch den heutigen geraden Chorabschluss mit rund- und spitzbogigen Fenstern, an der Südseite wurden eine Sakristei und der Eingangsvorbau angefügt. Zu vermuten ist, dass bei der Barockisierung der Kirche auch die Strebepfeiler angebracht und die Fenster des Saales vergrößert wurden. Ebenfalls jüngeren Datums ist der westliche Eingangsanbau am Turm. Im Inneren wird die Kirche durch eine verputze Holztonne überwölbt und mit einer dreiseitigen Empore ausgestattet. Bemerkenswert sind Schachbrettkämpfer an den Pfeilern der romanischen Doppelarkade, über die sich der untere Turmraum zum Kirchsaal hin öffnet. Der Kanzelaltar stammt aus dem Jahr 1720. Der mit Akanthusschnitzereien geschmückte Kanzelkorb wird von Säulen und Palmen flankiert und von Schnitzfiguren bekrönt. In der Mitte ist Christus als Weltenrichter dargestellt, links ist Moses und rechts Aaron zu sehen. Unterhalb der Kanzel befindet sich eine Darstellung des Abendmahls. Der Blockaltar selbst stammt aus romanischer Zeit. Die unteren Bleiglasfenster in der Chorwand, die Maria mit dem Christuskind und den auferstandenen Christus zeigen, stiftete 1903 der Ziegeleibesitzer Richard Lösche. 2004 wurde auf der Westempore die 1950 für die hallesche Kirchenmusikschule geschaffene Orgel (15 Register) der Bautzener Werkstatt Eule aufgestellt. Sie ist eine der frühesten modernen Orgeln mit vollmechanischer Spieltraktur in Deutschland. Seit 1998 wird die Kirche umfassend restauriert, dabei wurde ein Modellprojekt zur fachgerechten und nachhaltigen Sanierung der Deutschen Bundesstiftung Umwelt durchgeführt.

Bauzeit: um 1150,
Umbau: um 1450 ;
1724–1725

Standort:
Paul-Singer-Straße 85

Konfession: evangelisch

Reideburg – St. Gertraud

Die erste hölzerne Kapelle soll zur Zeit der Slawenmissionierung im 9. Jahrhundert als Mittelpunkt eines Burgbezirkes in Reideburg errichtet worden sein. Darauf verweist, dass die Kirche der Hl. Gertraud, einer beliebten fränkischen Kirchenpatronin, geweiht ist. Reste der Reichsburg (»Schanze«) sind im Pfarrgarten erhalten. Bis 1357 war die Kirche dem Bistum in Merseburg unterstellt und gehörte seitdem bis zur Reformation zum Erzbistum Magdeburg. Das erste Mal protestantisch gepredigt wurde in der Kirche 1563. Die Eingemeindung zur Stadt Halle erfolgte 1950.

Von der um 1150 aus Bruchsteinen errichteten romanischen Kirche ist nur der massive Westquerturm mit großformatigen Eckquadern und Walmdach erhalten geblieben. Im Glockengeschoss befinden sich im Westen und Osten zwei romanische Zwillingsarkaden als Schallöffnungen. Um 1450 wurde der romanische Saal (22 Meter lang) gotisiert und 1724 bis 1725 barockisiert. Heute sind die Bruchsteinwände verputzt, die Fenster als Segmentbogenfenster ausgeführt und der gerade Chorschluss durchfenstert. Der südliche Vorbau aus Backstein wurde 1890 angefügt.

Das Innere der Kirche wird seit der Barockisierung Anfang des 18. Jahrhunderts von einer verputzten Holztonne überwölbt. Gleichzeitig wurde rechts und links des Saales eine doppelgeschossige Empore eingebaut, eine Kanzel über dem Altar angebracht und wahrscheinlich das Kirchengestühl aufgestellt. Auf den Emporen wurden Logen für die Adelsfamilien und reichen Bauern eingerichtet. Seit 1847 befindet sich auf der westlichen Empore eine mechanische Orgel vom halleschen Orgelbaumeister Friedrich Wilhelm Wäldner (1817–1905), der auch die Domorgel fertigte. Wäldner schuf für die St. Gertraud Kirche ein romantisches Instrument mit 16 Registern auf zwei Manualen und Pedal.

Das Altarretabel ist der Mittelschrein eines Schnitzaltares aus der Zeit um 1430, das eine Marienkrönung zwischen je vier Heiligen in zwei Reihen zeigt. Bei einer umfassenden Renovierung der Kirche in den Jahren 1958 bis 1960 mussten die Emporen der Südseite und die obere der Nordseite entfernt werden und damit auch die sich dort befindenden Logen. Im Zuge dessen wurde die Bemalung an den verbleibenden West- und Nordemporen, die aus biblischen Sprüchen und einfacher Emblemata besteht, restauriert. Beim Abbau der Südempore kam das Sandsteinepitaph des Gutsherrn R. von Rauchhaupt (gest. 1605) zum Vorschein. Es zeigt den Verstorbenen, der in Rüstung vor einem Kruzifix kniet. Die Rahmung ist reich mit Wappen, Beschlagwerk, Blumengehängen und figürlichen Motiven geschmückt. Bei der Renovierung wurde auch die Kanzel auf die Südseite versetzt. Der polygonale hölzerne Kanzelkorb ist mit einem einfachen Ornament geschmückt, wobei Formen der Spätrenaissance benutzt wurden. Das Taufbecken aus Sandstein stammt aus der Kirche in Büschdorf. Der achteckige Taufstein mit sich nach oben verjüngendem Fuß und der Gotik entlehnten Ornamenten wurde wahrscheinlich um 1900 geschaffen. Von 1995 bis 1996 wurde der Innenraum neu gefasst.

Bauzeit: spätes 12. Jh.
Umbau: Ende 18. Jh./Anfang 19. Jh.
Standort: Howarkastraße
Konfession: evangelisch

Seeben – St. Laurentius

Die Kirche des im Norden von Halle gelegenen ehemaligen Ritterguts Seeben (1950 nach Halle eingemeindet) wurde im späten 12. Jahrhundert errichtet. Sie ist dem Hl. Laurentius geweiht, der Erzdiakon unter Papst Sixtus II. war und am 10. August 1258 in Rom als Märtyrer starb. Als Blutzeuge und Beistand der Armen stellt Laurentius eine Leitfigur mittelalterlicher Frömmigkeit dar.

Die verputzte romanische Bruchsteinkirche in Seeben ist ein quadratischer Saal, an den sich im Westen ein ebenso breiter quadratischer Turm anschließt und im Osten ein eingezogener Rechteckchor. Die gerade östliche Chorwand wird durch drei Lanzettfenster (wohl 13. Jahrhundert) durchbrochen. Die Kirche kann zum Typ der Chorquadratkirchen gezählt werden. Dies ist die Grundform mittelalterlicher Kirchen, die auch als »Urtyp« bezeichnet wird und sich in ihrer Genese wohl von den Holzkirchen ableitet. In der Nordwand des Chores befindet sich ein Rundbogenportal, und an der Südseite des Saales hat sich ein romanisches rundbogiges Fenster erhalten. Ob das Rundfenster an der südlichen Seite des Turmes aus der Bauzeit im 12. Jahrhundert stammt ist fraglich, da es recht groß ist. Die übrigen längsrechteckigen Rundbogenfenster stammen vermutlich aus der Barockzeit. Der obere Turmabschnitt mit rechteckigen Schallöffnungen und Walmdach ist eine Fachwerkkonstruktion und im 18./19. Jahrhundert aufgesetzt worden. Er setzt sich durch eine Baunaht deutlich vom unteren Teil ab.

Man betritt die Kirche durch die 1899 errichtete nördliche Vorhalle. Das Innere überspannt eine Flachdecke, wobei zwischen Saal und Altarraum ein Chorbogen eingezogen ist, wie es vor allem im romanischen Kirchenbau üblich ist. Im Jahr 1692 wurden in der Kirche eine einfache Kanzel und ein mit Akanthusschnitzereien verziertes Pult aufgestellt (beides zerstört). Ebenfalls nicht mehr vorhanden sind die Empore und die 1899 angeschaffte Orgel der Firma Rühlmann aus Zörbig.

Nachdem die Kirche jahrzehntelang verfiel, beschloss der Gemeindekirchenrat 1976, sie aufzugeben, da kein Geld für eine Sanierung beschafft werden konnte. Die Kirche wurde als Lagerraum und Werkstatt genutzt und auch ihr Abriss wurde erwogen. Von 1997 bis 1998 konnten durch die Förderung des Landes und erhebliche Eigenmittel der Gemeinde der Turm restauriert und das Dach neu gedeckt werden. Das Kirchenschiff wurde von 1998 bis 2002 umfassend saniert. Nachdem der Außenputz wiederhergestellt ist, wird nun der Innenraum restauriert. 2002 und 2004 konnten die Fenster bleiverglast werden, wobei das Rundfenster im Turm nach dem Entwurf der halleschen Glasgestalterin Annegrete Riebesel (geb. 1962) von der Firma »Glasgestaltung Berlin« hergestellt wurde. Für den Gottesdienst und Konzerte kann die Kirche aber schon seit Ende der 1990er Jahre wieder genutzt werden. Seit Mitte der 90er Jahre bildet die Gemeinde von Seeben mit der Trothaer Gemeinde ein Kirchspiel.

Bauzeit: um 1150
Umbau: 1730, 1910–1911

Standort: Pfarrstraße 4
Konfession: evangelisch

Trotha – St. Briccius

In den Akten des Kloster Neuwerks in Halle wurde 1116 das erste Mal eine Kirche in Trotha erwähnt. Im Jahr 1121 schenkt Erzbischof Rüdiger von Magdeburg (Amtszeit 1119–1124) Trotha dem Kloster Neuwerk, und die Kirche blieb dem Kloster bis zu dessen Auflösung 1520 inkorporiert. Sie wurde dem Hl. Briccius geweiht, der ein Mitstreiter Martin von Tours' war und der Schutzpatron der Waisen und der unehelichen Kinder ist. Bereits 1525 trat die Gemeinde zum protestantischen Glauben über und hatte einen evangelischen Pfarrer. Seit 1900 ist Trotha ein Stadtteil von Halle und heute bilden die Gemeinden von Trotha und Seeben ein Kirchspiel.

Von der auf einer Anhöhe gelegenen, um die Mitte des 12. Jahrhunderts errichteten Bruchsteinkirche ist der hoch aufragende Westquerturm mit Satteldach sowie die Nord- und Ostwand erhalten. An der Nordseite sind ein vermauertes romanisches Fenster und das Eingangsportal, das heute mit einem Epitaph verschlossen ist, gut zu erkennen. Ursprünglich wird sich auch die Südseite des rechteckigen Kirchsaales nahtlos an den Turm angefügt haben. Bei der sparsamen Barockisierung der Kirche 1730 wurde die Südwand um einen Meter nach außen verschoben und der Eingang zur Ostseite verlegt. Weiterhin erhielt die Kirche große Rechteckfenster mit Sandsteingewänden. Im Inneren wurde die Kirche mit einer Holztonne überwölbt. Der Altar steht an der Turmseite im Westen. Darüber befindet sich die Kanzel, und über dieser war das noch heute in der Kirche erhaltene Kruzifix von 1520 angebracht. Dieses wird laut Signatur Georg Ihener aus Orlamünde zugeschrieben, der auch die Gemälde des Altars der Moritzkirche in Halle geschaffen haben soll. Den spätromanischen Taufstein, der ein »Tauchstein« war, in den die Neugeborenen eingetaucht wurden, gab die Gemeinde wegen Unbrauchbarkeit (Risse) um 1830 an den Thüringisch-Sächsischen Geschichtsverein ab. Heute steht er im Museum der Moritzburg in Halle.

Mit der Industrialisierung im 19. Jahrhunderts wuchs die Gemeinde stark an, so dass die Kirche zu klein geworden war und umgebaut werden musste. Von 1910 bis 1911 wurde sie nach Vorschlägen des Provinzialkonservators Robert Hiecke nach Süden hin erweitert. Dafür wurde die Südwand herausgenommen und ein sich deutlich von der romanischen Kirche absetzender Anbau errichtet. Die östliche Eingangstür wurde unter Verwendung einer romanischen Säule verschlossen und im Westen ein neuer Eingang geschaffen. Im Inneren wurde die Ostausrichtung des Altares wiederhergestellt. Ebenso wurde sie neu mit einer hölzernen, erhöht aufgestellten Kanzel an der Nordseite, einem Lesepult, einem Taufbecken und Gestühl ausgestattet. Für die Fenster der Nordwand stiftete 1911 die Familie von Trotha auf Schkopau zur Erinnerung an ihren alten Stammsitz zwei Bleiglasfenster, die Christus zwischen Petrus und Paulus und den Gekreuzigten mit dem unterhalb angeordneten Wappen der von Trotha zeigen. Im südlichen Anbau wurde eine geräumige Empore eingebaut.

Die am 23. Mai 1899 festlich eingeweihte Orgel (18 Register, 2 Manuale und Pedal, Traktur: pneumatisch) von Wilhelm Rühlmann sen. (1842–1922) aus Zörbig, die der Rittmeister Otto Nagel und seine Frau der Gemeinde stifteten, wurde auf der Westempore wieder aufgestellt. 1954 wurde der Altarraum neu gestaltet und das Kruzifix von 1520 über dem Altar angebracht. 1957 schenkte Emil Barth der Kirche die noch heute vorhandenen drei Glocken.

Bauzeit: um 1150
Umbau: 1748–1751
Wiederaufbau: seit Anfang 1990
Standort: Angelerstraße 1 a
Konfession: evangelisch

Wörmlitz – St. Petrus

Möglicherweise wurde in Wörmlitz bereits kurz nach der ersten Christianisierung durch die Franken im 9. Jahrhundert ein Vorgängerbau der heutigen Kirche errichtet – ist der Hl. Petrus, dem die Kirche geweiht wurde, doch einer der beliebten fränkischen Patrone. In den Urkunden taucht der Ort das erste Mal am 5. Juni 1121 auf, als Erzbischof Rüdiger von Magdeburg (Amtszeit 1119–1124) dem Kloster Neuwerk in Halle Besitzungen in Wörmlitz schenkte. 63 Jahre später findet die Kirche selbst Erwähnung in den schriftlichen Quellen. Da die Wörmlitzer Kapelle, wie die Kapellen in Döllnitz und Beesen, eine Filiale der St. Wenzel Kirche in Radewell war, wurde sie 1184 durch Erzbischof Wichmann von Magdeburg (vor 1116–1192) dem von ihm gegründeten Moritzkloster in Halle übereignet.

Von der in der Mitte eines Friedhofes gelegenen romanischen Saalkirche aus Bruchstein sind lediglich Teile der Außenmauern und der Westquerturm, mit jeweils zwei rundbogigen Schallöffnungen an der Nord-, West- und Südseite des Glockengeschosses, erhalten geblieben. Der erste evangelische Pfarrer predigte 1560 in der Wörmlitzer Kirche. Einen grundlegenden Umbau im Barockstil erfuhr die Kirche zwischen 1748 bis 1751. Der Kirchsaal (22,50 Meter lang, 9 Meter breit), der sich in gleicher Breite an den Westturm anschließt, wurde nach Osten verlängert und erhielt einen geraden Chorschluss mit einem axial angeordneten Rundbogenfenster. Ebenso wurden die Fenster des Saales zu barocken Rundbogenfenstern umgestaltet sowie der Außenbau verputzt und durch Lisenen und geputzte Fensterfaschen gegliedert.

Von der barocken Innenausstattung der Kirche ist nichts erhalten geblieben, da sie kurz vor Weihnachten 1967 vollständig ausbrannte. Dabei wurden der Kanzelaltar, das Gestühl, die dreiseitige Empore und die 1938 von Wilhelm Rühlmann jun. (1882–1964) erbaute Orgel vernichtet. Erhalten blieben lediglich die steinerne Altarmensa, ein Epitaph von 1654 und der 1880 von W. Christel gestiftete Taufstein. Für die Taufe des halleschen Komponisten Samuel Scheidt 1587 in der Kirche, wurde ein anderer Taufstein verwendet. Für den Wiederaufbau der Kirche nach dem Brand fehlten lange Jahre die Mittel; lediglich das Dach konnte notdürftig repariert werden.

Die Gemeinde nutzte für ihren Gottesdienst das Gemeindezentrum und die Kirche in Böllberg. 1980 vereinten sich die Gemeinden in Böllberg und Wörmlitz, und in Wörmlitz entstand von 1978 bis 1982 durch den Umbau einer alten Scheune ein neues Gemeindezentrum. Anfang der 90er Jahre des 20. Jahrhunderts konnte begonnen werden, die Kirche zu rekonstruieren. 1994 wurde das Dach neu gedeckt und der Turm zurückgebaut und saniert. Die seit dem Brand vor dem Eingang der Kirche in einer Metallkonstruktion aufgehängte Stahlbronzeglocke von 1698 aus Neustadt an der Dosse ruft die Gemeinde nach wie vor zum Gottesdienst. Seit im Jahr 1995 provisorische Fenster eingesetzt werden konnten, ist auch der Kirchenraum wieder nutzbar. Das Benefizkonzert am 9. September 1995 begründete eine bis heute andauernde Tradition und war die erste Veranstaltung in der wieder aufgebauten Kirche. Der erste Gottesdienst fand am 24. Dezember 1995 statt. Um die weitere Sanierung zu unterstützen, gründete sich 1998 ein Kirchenbauverein. Dank seiner Aktivitäten wurde im Jahr 2000 das Tonnengewölbe wiederhergestellt und zwischen Turm und Kirchsaal konnte eine Trennwand eingezogen werden.

Gemeindeadressen

Die Gottesdienst- und Öffnungszeiten sind veränderlich und bei den einzelnen Kirchengemeinden zu erfragen. Nicht alle Gemeinden verfügen über eine eigene Gemeindeadresse. Informationen finden sich im Internet unter www.kirchenlandkarte.de und www.halle.de (siehe unter: Familie & Gesellschaft/Zielgruppen/Konfessionen in Halle)

Die Zahlen vor den Gemeindeadressen verweisen auf den Standort der Kirchen im Übersichtsplan am Anfang und Ende des Buches.

1 **Ev. Marktkirche**
»Unser Lieben Frauen«
An der Marienkirche 1–3
06108 Halle (Saale)
Tel./Fax 0345-517 08 94
www.marktkirche-halle.de

2 **Kath. Pfarrei St. Mauritius**
und St. Paulus (Moritzkirche)
An der Moritzkirche 8
06110 Halle (Saale)
Tel. 0345-202 97 34, Fax -202 97 35
www.kathweb.de/halle-st-moritz
www.offene-kirche-halle.de
www.katholische-akademie-magdeburg.de

3 **Ev.-ref. Domgemeinde**
Kleine Klausstraße 6
06108 Halle (Saale)
Tel. 0345-202 13 79, Fax -202 41 88
www.ekd.de/kps

5 **Ev. Kirche St. Laurentius**
Breite Str. 29
06108 Halle (Saale)
Tel./Fax 0345-202 75 43

6 **Selbständige Ev. Kirche**
St. Maria-Magdalena (SELK)
Advokatenweg 48
06114 Halle (Saale)
Tel./Fax 0345-523 37 64
www.selk.de

7 **St. Georgen**
Evangeliumsgemeinde e. V.
Glauchaer Straße 77
06110 Halle (Saale)
Tel. 0345-29 08 000, Fax -29 08 001
www.evangeliumsgemeinde.de

10 **Ev. Johanneskirche**
An der Johanneskirche 1
06110 Halle (Saale)
Tel. 0345-121 33 22
www.johanneskirche-halle.de

11 **Ev. Kirche**
im Diakoniewerk Halle
Lafontainestraße 15
06114 Halle (Saale)
Tel. 0345-778 60 , Fax -778 66
www.diakonie-halle.de

12 **Kath. Propstei**
St. Franziskus und St. Elisabeth
Mauerstraße 12/13
06110 Halle (Saale)
Tel. 0345-231 02 21, Fax -231 02 33
www.propstei-halle.de

13 **Ev. Pauluskirche**
Robert-Blum-Str. 11 a
06114 Halle (Saale)
Tel. 0345-523 37 87, Fax -523 50 423
www.paulusgemeinde-halle.de

16 **Ev. Lutherkirche**
Damaschkestraße 100 a
06110 Halle
Tel. 0345-444 39 24
www.luthergemeinde-halle.de

17 **Kath. Pfarrei zur Heiligsten**
Dreieinigkeit und Franziskanerkloster
Lauchstädter Straße 14b
06110 Halle (Saale)
Tel. 0345-13 663-0, Fax -33
www.kathweb.de/halle-dreieinigkeit

20 Kath. Pfarrei »Heilig Kreuz«
Gütchenstraße 21
06108 Halle (Saale)
Tel. 0345-202 43 21/-202 15 29
Fax: 0345-478 84 41
www.kathweb.de/hl-kreuz-halle

21 St. Georgs Kapelle
Frankeplatz 1/Haus 25
06110 Halle (Saale)
Tel. 0345-55 230-41/51

22 Hauskirche zum Heiligen Kreuz
Kirche des Moskauer Patriarchats
Orthodoxe Gemeinde
Franckeplatz 1/ Haus 24
06110 Halle (Saale)
www.members.aol.com/RussKircheHalle
www.franke.de

25 Kath. Pfarrei St. Marien
Brauhausstraße 10
06132 Halle (Saale)
Tel. 0345-775 86 16, Fax -775 86 20
www.kathweb.de/halle-st-marien

26 Ev. Kirche St. Elisabeth
Franz-Mohr-Str. 1 c
06128 Halle (Saale)
Tel. 0345-77 58 271
www.kirche-silberhoehe.de

30 Ev. Kirche St. Nikolai et Antonii
Kirchstraße, Lieskau
06120 Halle (Saale)
www.kirche-doelau-lieskau.de

31 Ev. Dorfkirche Lieskau
Kirchstraße, Lieskau
06120 Halle (Saale)
www.kirche-doelau-lieskau.de

32 Kath. Kuratie Maria Königin
Dr.-Hans-Litten-Straße 5
06120 Halle (Saale)
Tel./Fax 0345-550 46 29
www.kathweb.de/halle-doelau

34 Ev. Bartholomäuskirche
Bartholomäusberg 4
06114 Halle (Saale)
Tel. 0345-522 04 17
www.bartholomaeusgemeinde.de

35 Kath. Pfarrei St. Norbert
Körnerstr. 19
06114 Halle (Saale)
Tel. 0345-521 13 62
www.kathweb.de/halle-st-norbert

36 Ev. Kirche Passendorf
Schulplatz 4
06124 Halle (Saale)
Tel. 0345-59 137, Fax -80 65 097
www.kirche-halle-neustadt-nietleben.de

37 Ev. Kirche Nietleben
Waidmannsweg 56
06126 Halle (Saale)
Tel. 0345-80 59 137, Fax -80 65 097
www.kirche-halle-neustadt-nietleben.de

38 Ev. Kirche St. Stephanus
Zum Planetarium Kanena
06116 Halle (Saale)
Tel. 0345-580 03 01

39 Ev. Petruskirche
An der Petruskirche 3
06120 Halle (Saale)
Tel. 0345-551 19 79, Fax -683 06 20
www.petruskirche-halle.de

40 Ev. Kirche St. Wenzel
Regensburger Str. 111
06132 Halle (Saale)
Tel./Fax 0345-775 82 54

45 Ev. Kirche St. Briccius
Pfarrstraße 5
06118 Halle (Saale)
Tel. 0345-523 46 81, Fax -523 42 84
www.briccius.de

Evangelische Studentengemeinde Halle (Saale)
Puschkinstraße 27
06108 Halle (Saale)
Tel./Fax 0345-202 26 52
www.uni-halle.de/esg

Kath. Studentengemeinde »Thomas Morus« Halle
An der Moritzkirche 8
06108 Halle (Saale)
Tel. 0345-523 01 61, Fax -522 23 47
www.uni-halle.de/ksg

Weitere Gottesdienststätten und Gemeinden

Adventgemeinde Halle
Kleine Märkerstraße 3
06110 Halle (Saale)
www.adventisten.de/halle

Apostelamt Jesu Christi
Trothaer Straße 21
06118 Halle (Saale)

Apostelamt Juda - Gemeinschaft des göttlichen Sozialismus
Lerchenfelder Straße 1
06110 Halle (Saale)

Armenisch Apostolische Gemeinde Halle
Ernst-Abbe-Straße 22
06122 Halle (Saale)
www.etchiadzin.com

Die Christengemeinschaft – Bewegung für religiöse Erneuerung
Merseburger Str. 91
06112 Halle (Saale)
www.christengemeinschaft.de

Ev.-freikirchliche Gemeinde Friedenskirche (Baptisten)
Ludwig-Wucherer-Straße 39
06114 Halle (Saale)
Tel. 0345-523 33 38, Fax -523 33 83
www.baptisten.de

Ev.-freikirchliche Gemeinde Halle
(Brüdergemeinde)
Liebenauer Straße 4
06110 Halle (Saale)
www.efg-halle.de

Ev.-kirchliche Gemeinschaft
im Elbingeröder Gemeinschaftsverband
Beesener Straße 240
06110 Halle (Saale)
www.gnadauer.de

Ev.-meth. Gemeinde Halle
Schulstraße 9 a
06108 Halle (Saale)
Tel. 0345-202 94 09, Fax -209 88 69
www.emk.de/halle

Freie ev. Gemeinde
Körnerstraße 4
06114 Halle (Saale)
www.halle-saale.feg.de

Jesus Gospel & Healing Centre e. V.
Franckestraße 1/Haus 33
06110 Halle (Saale)

Kath. Gemeinde der Alt-Katholiken
in Halle und Umgebung
Friedrichstraße 67
06366 Köthen
www.alt-katholisch.de

Kath. apostolische Gemeinde
Jacobstraße 46
06110 Halle (Saale)

Kirche Jesu Christi der Heiligen der Letzten Tage
Rennbahnring 9
06124 Halle (Saale)
www.ids.org

Mission Evangelique – Parole de Vie
(Friedenskirche)
Ludwig-Wucherer-Straße 39
06114 Halle (Saale)

Neuapostolische Kirche
Pfälzer Straße 16
06108 Halle (Saale)
www.nak-halle.de

Religionsgemeinschaft der Zeugen Jehovas
Köthener Straße 32
06118 Halle (Saale)
www.jehovas-zeugen.de

Soli Deo Mennonitengemeinde Halle
Wörmlitzer Straße 101
06110 Halle (Saale)
www.soli-deo.de

Fachworterklärungen

Achse: in der Architektur Mittellinie

Akanthus: im Mittelmeerraum beheimatete Pflanze, deren Blätter zum Ornament stilisiert wurden

Ambo: Lesepult

Apsis: ursprünglich halbkreisförmige, seltener eckige Nische, welche den Altarraum nach Osten hin abschließt

Archidiakonat: Amt des Archidiakons

Archivolte: profilierter Bogenlauf vor einer Rundbogenöffnung (Portal)

Arkaden: Bogen oder Bogenreihe, die auf Pfeilern oder Säulen ruht

Augustinerchorherren: Weltgeistliche, schlossen sich im 11. Jahrhundert zu einer einem Mönchsorden ähnlichen Verbindung zusammen

Basilika: in der kirchlichen Baukunst eine mehrschiffige Anlage, deren Mittelschiff die beiden Seitenschiffe überragt und über eigene Fenster oberhalb der Seitenschiffsdächer verfügt

Beschlagwerk: dekorative Ornamentform, in Nachahmung bandeiserner Zierbeschläge

Blendarkade, Blendtriforium, Blendfries: auf einer geschlossenen Mauerfläche aufliegende Arkade, aufliegendes Trieforium und aufliegender Fries

Chor: der den Geistlichen vorbehaltene Raum mit Hochaltar und Chorgestühl. Im Mittelalter immer nach Osten gerichtet

Chorschluss: Abschluss des Chores

Dominikaner: Bettelorden, vom Hl. Dominikus 1216 in Toulouse gegründeter Bettelorden zur Verbreitung des Glaubens durch Predigt

Dreikonchenanlage: siehe Konche

Epitaph: Gedenktafel mit Inschrift für einen Verstorbenen an einer Kirchenwand oder einem Pfeiler

Fiale: türmchenartige Bekrönung eines gotischen Strebepfeilers

Franziskaner: der nach seinem Gründer Franz von Assisi benannte Orden der Bettelmönche; war im Mittelalter einer der wichtigsten und weit verbreitesten Ordensverbindungen

Gesprenge: Bekrönung des Altarschreins

Grisaille: einfarbige Malerei in Grautönen

Hallenkirche: Kirche, bei der die Seitenschiffe die gleiche Höhe haben wie das Mittelschiff und der gesamte Bau von einem einzigen Dach überspannt und nur von Fenstern der Seitenschiffe beleuchtet wird

Hochaltar: erhöhter Hauptaltar, steht im Chorraum der Kirche in oder vor der Apsis einer katholischen oder früher katholischen Kirche

Ikonostas : in der orthodoxen Kirche eine Wand, die das Allerheiligste vom Gemeinderaum abschließt und mit Bildern (Ikonen) bedeckt ist

Inkorporierung: Eingemeindung, in eine Körperschaft aufnehmen

Joch: Gewölbeabschnitt

Kanzelaltar: Verbindung von Kanzel und Altar zu einer meist architektonisch gegliederten Einheit

Kapitell: oberer, meist plastisch verstärkter und verzierter Abschluss einer Säule oder eines Pfeilers

Konche: im Grundriss halbrunde Nische, halbkreisförmige Apsis; Halbkuppel einer Apsis

Krypta: unterirdischer, meist unter dem Chor einer Kirche liegender Raum, der als Aufbewahrungsort für Reliquien, als Grabstätte geistlicher und weltlicher Würdenträger und zu kultischen Zwecken dient

Lisenen: flacher, senkrechter Mauerstreifen ohne Basis und Kapitell

manieristisch: in der Art des Manierismus, späte Stilform der Renaissance; Kunstform die sich durch Formübersteigerung auszeichnet

Manual: Teilwerke der Orgel, auf die die Register verteilt sind

Maßwerk: gotische Zierform; geometrische Fenstereinteilung

oktogonal: ein Oktogon darstellend, achteckig

Parochie: Amtsbezirk, auch Sprengel eines Geistlichen

Pass: gotische Maßwerkfigur aus Dreiviertelkreisen, je nach Anzahl unterschieden in Dreipass, Vierpass usw.

Patronat: Schutzherrschaft; Unterschutzstellung einer Kirche/Kapelle unter den Namen eines oder mehrerer Heiliger

Patrozinium: Weihetitel eines Sakralbaus

Pedal: Klaviatur für die Füße

polygonal: ein Polygon darstellend; vieleckig

Predella: kunstvoll bemalter oder geschnitzter Sockel, Unterbau eines Altars

Rippen: Konstruktionselement eines Gewölbes

Register: Orgel, Vereinigung der Pfeifen gleicher Bauart, die sich über den Umfang einer Klaviatur erstrecken

Retabel: Altaraufsatz; dient als Bildträger

Runddienste: Viertel-, Halb-, oder Dreiviertelsäulen, die einer Wand vorgelegt erscheinen

Sakristei: Raum im Chorbereich für den Geistlichen als Vorbereitungsraum

Serviten: Orden der Diener Mariens, Bettelorden.

Strebepfeiler: Pfeiler, der die Mauer seitlich stützt und den Dachschub aufnimmt

Tabernakel: Gefäß zur Aufbewahrung der geweihten Hostie

Traktur: Spielmechanik der Orgel, alle Einrichtungen, die den Tastendruck zu den Windladen weiterleiten

Triforium: echter oder vorgeblendeter Laufgang an Hochwänden von Chor, Langhaus oder Querschiff

Tympanon: Bogenfeld über einem Portal

Typologie: Lehre von der Vorbildlichkeit des Alten Testamentes für die Ereignisse des Neuen Testamentes

Vierpass: siehe Pass

Welsche Haube: Dachform in Gestalt eines geschweiften Turmdaches mit zwischengeschalteter Laterne

Wendelstein: Wendeltreppe

Wimpergen: gotischer dreieckiger Ziergiebel über Portal und Fenster

Zwickel: dreieckiges Gewölbefeld

Literatur

Cornelia Aman: Glasmalereien des 19. und frühen 20. Jahrhunderts in Sachsen-Anhalt, Die Kirchen, Leipzig 2003

Joachim Baecke & Hartmut Brauer: St. Wenzel. Evangelische Kirchengemeinde Lettin/Heide Nord, Halle (Saale) 2004

Ilas Bartusch: Die Inschriften um Conrad von Einbeck in der Moritzkirche zu Halle, in: Sachsen und Anhalt, Bd. 21 (1998), S. 81–127

Holger Brülls: Orgel der Woche, Mitteldeutsche Zeitung, Jan.–März 2004, www.mz-web.de/orgeln

Holger Brülls & Thomas Dietzsch: Architekturführer Halle an der Saale, Berlin 2000

Daniel Cyranka u. a. (Hg.): »... mitten in der Stadt«. Halle zwischen Säkularisierung und religiöser Vielfalt, hg. v. Cyranka, Daniel , Halle (Saale) 2001

Georg Dehio: Handbuch der deutschen Kunstdenkmale. Sachsen-Anhalt II. Regierungsbezirke Dessau und Halle, bearbeitet von Ute Bednarz, Folkhard Cremer, Hans-Joachim Krause u. a., München, Berlin 1999

Denkmalverzeichnis Sachsen-Anhalt, Bd. 4, Stadt Halle, erarbeitet v. Brülls, Holger u. Honekamp, Dorothee, hg. v. Landesamt für Denkmalpflege Sachsen-Anhalt, Halle (Saale) 1996

Die evangelische Bartholomäuskirche zu Halle-Giebichenstein, Halle (Saale) 1937

Die Maria Magdalenen Kapelle der Moritzburg zu Halle, hg. v. Heinrich L. Nickel i. A. der Stiftung Schlösser, Burgen und Gärten des Landes Sachsen-Anhalt, Halle (Saale) 1999

Angela Dolgner: Die Bauten der Universität Halle im 19. Jahrhundert, hg. v. Dieter Dolgner, Halle (Saale) 1996

Erzbischof Albrecht von Brandenburg (1490–1545). Ein Kirchen und Reichsfürst der Frühen Neuzeit, hg. v. Friedhelm Jürgenmeister, Frankfurt am Main 1991

Festschrift zur 600-Jahrfeier der Grundsteinlegung der Ulrichkirche zu Halle, hg. v. Pfarrern der Ulrichsgemeinde, Halle (Saale) 1939

Hans Georg Finken: Seht Gottes Zelt. 75 Jahre Franziskanerkirche zur Heiligen Dreieinigkeit in Halle (Saale) 1930–2005, Halle (Saale) o. J. (2005)

50 Jahre Katholische Heilig Kreuz Gemeinde Halle (Saale) 2005, Festschrift, hg. v. Arbeitsgruppe Öffentlichkeitsarbeit der Gemeinde, Halle (Saale) 2005

Natalie Gommert & Dietrich Wendland: Wilhelm Groß. Bildhauer und Prediger 1883–1974, Leipzig 2004

Klaus-Dieter Heinrich: Ammendorf. Vom Fischerdorf zur heimlichen Hauptstadt des Saalkreises, Halle (Saale) o. J. (nach 1999)

Andreas Hornemann: Die Pauluskirche zu Halle (Saale), Leipzig, Halle (Saale) 1991 (unveröffentlichtes Typoskript)

Otto Kilburger: Die Kirche in Nietleben bei Halle a. S., in: ZbBvw, 10. Jg., 1890, S. 217–219

Hans-Joachim Krause: Die spätgotischen Neubauten der Moritzkirche und Marktkirche in Halle, in: Denkmale in Sachsen-Anhalt, Weimar 1983, S. 225–252

Thilo Lützendorf: Orgeln in Halle (Saale), Ars Organi, 39. Jg. (1991), S. 166–178

Angelika Mähl: Kirche und Stadt in Halle a. S. im 14. Jahrhundert, Berlin 1974

Monographien Deutscher Landgemeinden, hg. v. Erwin Stein, Band III, Die Landgemeinde Diemitz, Berlin 1925

Erich Neuß: Besiedlungsgeschichte des Saalkreises und des Mansfelder Landes, Weimar 1995

Heinrich Nickel: Der Dom zu Halle, München, Zürich 1991

Albert Osterloh: Chronik von Mötzlich, Halle (Saale) 2005

Petruskirche zu Halle-Kröllwitz. 1901–2001 anlässlich des 100-jährigen Kirchenfestes vom 19. September 1901, hg. v. Evangelische Petrusgemeinde Halle-Kröllwitz, Halle (Saale) 2001

Peter Ramm: Barock in Merseburg. Johann Michael Hoppenhaupt (1685–1751) und seine Zeit, Merseburg 1985

Manfred Richter: Nietleben – Streifzüge durch die Geschichte des Ortes und seiner Umgebung (zum 100-jährigen Bestehen der Kirche Nietleben), Halle (Saale) 1986 (unveröffentlichtes Typoskript)

Norbert Richter: 800 Jahre Büschdorf. 1150–1950. Aus der Geschichte eines Ortes des Saalkreises und der Stadt Halle, Bd. 1, Halle (Saale) 1994

Reinhard Rüger: Denkmalpflege an den Kirchen der halleschen Altstadt, in: Denkmale in Sachsen-Anhalt, Weimar 1983, S. 252–280

Reinhard Rüger: Die Restaurierung des Domes in Halle – Ein Zwischenbericht zur Instandsetzung und Neufassung, in: Denkmalpflege in Sachsen-Anhalt, Heft 1/1994

Wulf Schadendorf: Die Moritzkirche zu Halle, Berlin 1958

Gustav Schönermark: Beschreibende Darstellung der älteren Bau- und Kunstdenkmäler der Provinz Sachsen und angrenzender Gebiete, Halle (Saale) 1886

Michael Scholz: Residenz, Hof und Verwaltung der Erzbischöfe von Magdeburg in Halle in der Ersten Hälfte des 16. Jahrhunderts, Sigmaringen 1998

Siegfried Schroeder: Reideburg in den Jahren 1815 bis 1820/Die Pfarrkirche Sankt Gertraud, Halle (Saale) 2004

Sigmar Schultze-Galléra: Wanderungen durch den Saalkreis, Bd. 1 u. 5, Halle (Saale) 1913 u. 1924

Christof Seidler: Die Kirche St. Briccius zu Halle-Trotha, hg. v. Bürgerinitiative »Gesundes Trotha e. V.«, Halle (Saale) 1997

Walter Serauky: Musikgeschichte der Stadt Halle, Bd. 1, Bd. 2,1, Bd. 2,2, Halle (Saale) 1935, 1939, 1942

Monika Soffner: Halle Moritzkirche, Halle (Saale) 1993

St. Norbert in Halle 1893–1993. Festschrift anlässlich des 100. Jahrestages der Kirchweihe und des 80. Jahrestages der Erhebung zur Pfarrei 1893–1913–1993, hg. v. Pfarrgemeinde St. Norbert zu Halle (Saale), Paderborn 1992

Andreas Take: Der katholische Cranach, Mainz 1992

Ulrich Wendling: Heilandskirche – Heilandsgemeinde in Halle (Saale), Halle 2005 (unveröffentlichter Vortrag)

Heinrich Wind: Die evangelischen Kirchen in Halle, Halle (Saale) 1927

Archive

Archiv der Grauen Schwestern der Hl. Elisabeth in Halle

Pfarrarchiv Johannes der Täufer, Diemitz

Pfarrarchiv Luthergemeinde Halle
Pfarrarchiv St. Norbert Halle

Personenregister